이시형의

# 신인류가 몰려온다

일생 최후의 10년을 최고의 시간으로 만드는

# SUPER

이시형의 **신인류가 몰려온다**

# AGER

특별한서재

# 서문

코로나가 아직 극성이다. 언제 말끔히 끝날지 걱정이다. 문제는 끝난다고 끝이 아닐 성싶다. 전문가의 의견을 종합해 듣고 있노라면 소름이 끼친다. 이런 무서운 괴질은 또 온다는 것이다. 건강도 걱정이지만 경제도 타격이 크고, 경제는 안보와 직결이 되어 있어서 북한과 대치 중인 한국의 안보도 정말 걱정이다. 질병 걱정하다 말고 경제, 안보 문제까지 거론하고 보니 세계정세가 그만큼 복잡하게 돌아간다는 이야기 같다.

무엇보다 우리에게 심각한 문제는 보건과 인구 구성이다. 우리는 지금 세계에서 제일 빠른 속도로 초고령 사회로 진입하고 있다. 우리 인구 구성을 보면 80대, 90대가 200만 명으로 초고령 사회가 눈앞에 와 있는데 그에 대한 총체적인 대책이 아직 보이지 않는다.

하지만 고맙게도 세계는 우리의 놀라운 경제 발전과 의료 기술의 향상으로 이 문제를 잘 헤쳐 나갈 것이라 믿고 있다. 우리를 롤모델로 하겠다는 논리다. 그럴수록 더 큰 사명감을 느낀다. 우리가 잘해야 세계 보건이 안정된다.

나이 80 후반이면 몸이 성한 사람이 별로 없다. 뿐만 아니라 경제적 빈곤, 사회적 지원 제도 등 모든 게 취약한 상태가 된다. 이런 인구 구성은 우리 역사상 초유의 일이다. 그래서 난 이들을 '신인류'라 총칭했다.

이들의 복지·건강을 비롯해 우리의 사회적 지원 대책을 신중히 생각해봐야 하는 시점이다. 90세 안팎 최후의 10년이 우리 일생 중 가장 힘든 시기다. 가까운 우리 동기생들이 지금 딱 90세인데, 아직 많이 생존 중이다. 그러나 대개는 반건강 상태이다. 그들이 한결같이 하는 소리가 '이렇게 오래 살 줄 몰랐다'이다. 즉 장수에 대해 아무 준비가 안 되어 있다는 소리다.

초고령 사회만이 문제가 아니다. 세계에서 제일 낮은 저출산 문제 그리고 세계 최고의 자살률, 이런 문제를 생각하노라면 제대로 잠이 오지 않는다. 이런 심각한 사회 문제가 이 글을 쓰게 된 이유다.

너무 진지하게 걱정거리를 그대로 노출했다간 독자들이 중간에 책을 덮을지도 모른다. 그래서 그 절망의 늪을 다루면서도 가급적 밝게 희망적으로 쓰려고 했다. 그러나 현실성이 있어야 한다.

살다 보니 이건 초고령자만의 문제가 아니고 중년 이후 우리 삶

전체의 문제라는 의식이 팽배하게 되었다. 해서 우린 요즈음 평범한 중년들을 위한 삶의 지혜를 나누고자 여러 가지 생활 아카데미를 구상, 실현하고 있는데 신인류 문제도 그 연장선상에 있다.

이 책이 완성되기까지 많은 전문가들이 의견을 주셨다. 정일성, 성기수, 김정빈 박사께서 줄기세포에 대한 첨단 지식을 나누어주셨다. 그리고 언제나 종합적인 지혜를 나누어주신 박상미 박사에게도 감사드린다. 자료 수집 및 정리에 애써준 신동윤 군에게 감사드린다. 그리고 복잡한 원고를 잘 정리, 편집해준 특별한서재 출판사의 성심 어린 노력에 감사드린다.

이시형

차례

SUPER
AGER

CHAPTER 1

# 신인류의 등장,
# 초고령 노인이 몰려온다

# 한국의 인구 통계표를 본 적이 있나요?

인구 통계 연감을 보고 있노라면 앞이 캄캄하다. 우리 한국이 세계에서 제일 빠른 속도로 초고령, 저출산 시대로 들어가고 있다. 거기다 무시 못 할 세계 최고의 자살률까지 겹치면서 인구 절벽이 바로 눈앞에 와 있다.

## 출산율

먼저 [표1]에는 연도별 출생 및 사망 인구수가 나와 있다. 2010년에서 2020년, 10년 사이에 출생자가 47만 명에서 27만 명으로 현저하게 줄어들었으며 출산율은 지금도 계속 떨어지고 있는 점이 눈에 띈다. 천재지변도 이럴 순 없다. 이건 충격적인 인재지변이다. 정부에선 여러 가지 출산 장려책도 쓰고 있지만, 백약이 무효다. 특히 지방 정부에서는 저출산과 함께 도시로 이주해 나가는 문제로 인해 자치구로서의 법적 지위가 흔들리고 있다. 중앙 정

**[표1] 연도별 출생 및 사망 인구수**

| 연도 | 인구 | 출생자 | 사망자 수 | 합계출산율 |
|---|---|---|---|---|
| 2010 | 49,554,112 | 470,171 | 255,405 | 1.226 |
| 2011 | 49,936,638 | 471,265 | 257,396 | 1.244 |
| 2012 | 50,199,853 | 484,550 | 267,221 | 1.297 |
| 2013 | 50,428,893 | 436,455 | 266,257 | 1.187 |
| 2014 | 50,746,659 | 435,435 | 267,692 | 1.205 |
| 2015 | 51,014,947 | 438,420 | 275,895 | 1.239 |
| 2016 | 51,245,707 | 406,243 | 280,827 | 1.172 |
| 2017 | 51,446,201 | 357,771 | 285,534 | 1.052 |
| 2018 | 51,635,256 | 326,822 | 298,820 | 0.977 |
| 2019 | 51,709,098 | 302,676 | 295,110 | 0.918 |
| 2020 | 51,829,023 | 272,337 | 304,948 | 0.837 |

출처: 국가통계포털

부에서도 워낙 큰 난제들이 많아서인지 저출산 문제까지는 신경 쓸 여유가 없는 것 같다. 한참 전에는 총리 직속 저출산 문제 위원회가 있었는데 이젠 그나마도 없어지고 문제가 각 부처로 분산되어 효율적인 정책 수립이 안 되고 있다. 그간 몇 차례 치른 선거에서도 저출산 문제를 심도 있게 다루지 못했다. 저출산에 세계 최고의 자살률이 겹치면 인구 감소는 필연이다.

게다가 자살자가 연간 1만 3,000명 정도니까 이대로 10년을 가면 웬만한 중소 도시 하나가 허공으로 사라지는 셈이 된다.

## 연도별 평균 수명

[표2]를 보면 초고령 사회가 괴물처럼 다가오고 있어 공포감을 자아낸다. 전체적으로 볼 때 1950년대 평균 수명 약 48세에서 2010년대는 81세로 껑충 뛰어올랐다. 60년 동안 평균 수명이 30세 이상 증가했다. 우리가 학교 다닐 때만 해도 친구 부모님 환갑잔치에 불려 다닌 적이 어제 같은데 요즘은 환갑이란 말조차 사라졌다. 나 자신을 비롯한 주변의 노인들이 한결같이 하는 소리가 '이렇게 오래 살 줄 몰랐다'이다.

갑자기 평균 수명이 이렇게 늘어났으니 개인 차원에서도 장수 시대를 위한 준비를 전혀 하지 못했다.

2021년 평균 수명은 약 83세지만 큰 지병이 없는 성인이라면 90세, 100세는 떼놓은 당상이다. 여기가 우리 아픈 곳이다. 젊은 부부는 아기를 낳지 않고 노인은 장수하니 인구 그림이 아주 기형적으로 역삼각형이 되어버렸다. 이것이 우리 사회에 엄청난 문제들을 안겨

**[표2] 연도별 평균 수명**

| 연도 | 평균 수명 |
|---|---|
| 1950-1955 | 47.92 |
| 1955-1960 | 51.23 |
| 1960-1965 | 54.83 |
| 1965-1970 | 58.78 |
| 1970-1975 | 63.09 |
| 1975-1980 | 64.99 |
| 1980-1985 | 67.38 |
| 1985-1990 | 70.34 |
| 1990-1995 | 72.85 |
| 1995-2000 | 74.95 |
| 2000-2005 | 77.17 |
| 2005-2010 | 79.47 |
| 2010-2015 | 81.27 |

출처: 국가통계포털

주고 있다.

한 생명 보험 회사가 기금을 차출하여 사회공헌을 위한 여러 가지 복지 사업을 하고 있다. 그 초창기에 사회공헌위원회가 창립되었을 때 내가 9년간 위원장직을 맡았다. 저출산 문제의 심각성을 우리 위원들이 모두 공감했고 엄마들에게 왜 아기를 낳지 않느냐고 물었다. 엄마들은 하나같이 믿고 맡길 데가 없다는 이유를 말했다. 그래서 우리 위원회는 1년에 3개 구를 선정하여 어린이집을 신축했고 아주 인기리에 열 수 있었다. 하지만 이 좋은 사업도 지금은 한계에 부딪혀 중단된 상태다. 어린이집 문제가 제기될 적마다 생명 보험 회사의 사회공헌위원회 생각이 난다.

### 연령대별 인구수

[표3]은 2021년 9월 기준 연령대별 인구수를 나타낸다. 10대가 겨우 470만 명인데 80대는 180만 명이다. 90대는 26만 명, 100세 이상도 1만 3,000명을 넘어간다. 이대로 10년 후를 상상해보라. 40~50대가 각 800만 명, 합하면 1,600만 명이다. 이들이 80대가 되는 날이면 거리는 지팡이 노인들로 넘쳐날 것이다. 지금도 80대와 90대를 합치면 200만 명이 넘는다.

요양원, 요양 병원도 초만원이다. 나이 든 정신과 의사가 노파심에 해본 계산이 아니다. 표를 보고 있노라면 누구나 그런 계산을 쉽게 하게 된다. 지금 추세라면 이때쯤 '장수의 늪'을 홀로 허우적거리는 노인이 폭증한다. 이 대로라면 우리는 4년 후엔 초고령 사회가 된다. 세계에서 제일 빠른 속도로! 지금도 혼자 사는 노인이 600만 명이라는 보도가 있는데, 인구 절벽이 현실로 된 그날 장수의 늪에 빠진 혼자 사는 노인들을 누가 돌볼 것인가.

정부의 지원을 기대하기엔 이 짐은 너무 벅차다. 경로당을 중심으로 노인들이 서로 친하게 지내면서 무슨 일이 있을 때엔 모두 달려가 돕는 상조 그룹이 자연적으로 결성되었으면 좋겠다.

**[표3] 2021년 9월 기준 연령대별 대한민국 인구수**

| 총인구수 | 51,667,688 |
| --- | --- |
| 0~9세 | 3,809,849 |
| 10~19세 | 4,727,626 |
| 20~29세 | 6,708,734 |
| 30~39세 | 6,745,531 |
| 40~49세 | 8,182,067 |
| 50~59세 | 8,610,979 |
| 60~69세 | 7,097,818 |
| 70~79세 | 3,705,737 |
| 80~89세 | 1,808,689 |
| 90~99세 | 259,635 |
| 100세 이상 | 11,023 |

출처: 국가통계포털

세계적 장수촌으로 알려진 블루존Blue Zone 마을은 주민들이 평소 친하게 지내다가 누군가에게 도움이 필요할 때는 서로 당번을 정해 돌봐주는 제도가 있다. 그들은 이를 블루존 버디Blue Zone Buddy라고 부르는데, 새로운 친구를 사귈 수 있는 좋은 제도로 받아들이고 있다.

# 신인류의 등장

1990년대 초반, 나는 『신인간』이라는 책을 출간한 적이 있다. 당시 젊은이는 내가 젊을 때와는 완전히 다른 별종이었다. 생각하는 것, 말하는 것, 입은 옷이며 행동 모두가 전혀 다른 새로운 별종이었다. 나는 이들을 심층 면담하기 위해 홍대 앞, 이태원, 그리고 평창 스키장 등 소위 첨단 젊은이들이 모이는 곳을 찾아다녔다. 이들은 우선 성공이나 출세 같은 사회적 가치관부터가 아주 달랐다. 자기 하고 싶은 일을 하면서 다행히 그것으로 밥을 벌어먹을 수 있게 된다면 그것이 성공이요, 출세라고 생각했다. 난 이들을 '신인간'이라고 표명, 책을 출간했고 특히 방송계에서 큰 반응을 보였다. 요즘 생각하면 이들이 K-POP의 원조였다.

내가 오늘 생각하는 신인류는 그와는 다르다. 그들은 초고령 사회의 노인들이다. 이들은 초고령Super Age이라는 새로운 변화에 어떻게 적응해야 할지 롤 모델이 없다. 가끔 언론에서는 2~30대를 MZ세대, 마치 신인류처럼 그려내지만 그래도 이들에겐 인생의 선배와 같은 롤 모델이 많다. 하지만 우리가 걱정하는 초고령 노인에겐 롤 모델이 없다. 우리 누구도 이렇게 장수하는 사람을 본 적이 없기 때문이다. 역사상 초유의 경험이라 당황할 수밖에 없다.

현재 한국은 80~90대 인구가 200만 명을 넘는다. 그런데도 우리 눈엔 잘 보이지 않는다. 그나마 나들이가 가능한 사람이면 축복이다. 장수의 늪에 빠져 허덕이는 사람이 우리 눈에 띌 순 없다. 하지만 우리 주위에 200만 명이나 되는 초고령자가 우리와 함께 같은 하늘 아래 숨을 쉬고 있다는 사실을 잊어선 안 된다.

우리는 누구나 그간 참으로 힘든 길을 걸어왔다. 돌부리에 걸리기도 하고 진흙 바닥에 뒹굴기도 했다. 인생 여정의 어려운 고비들을 용케도 넘어왔다. 끈질긴 복구력을 동원해서 넘어지면 또 일어났다. 하지만 지금 우리가 운명적으로 건너야 할 이 늪은 처음 가는 길이다. 수월하게 건너는 사람도 있을 것이다. 아예 건너지 않아도 되는 행운아도 있다. 어떻게든 이 기간은 짧을수록 행운이다.

그러기 위해선 준비를 잘해야 한다. 슬기롭게 건널 수 있는 재능을 발휘할 수 있도록 일찍부터 대비책을 잘 세워야 한다. 젊은 연구원이 내 원고를 뒤에서 훔쳐보더니 "박사님, 이건 제가 읽어보고 준비해야 할 것 같습니다"라고 말한다. 그렇다. 욕심을 내자면 젊을 때부터 자기 몸을 잘 다듬어야 한다. 생활 습관병은 40대에 싹이 터서 50대에 발병한다. 요즘은 의학이 워낙 발달해서 웬만한 지병은 완치까진 아니더라도 생활 습관 개선, 약물 투여 등으로 그럭저럭 생활할 수 있게 해준다. 그러니까 40대, 늦어도 50대부터는 준비를 시작해야 한다. 그래야 60대가 되면 인생 제2막, 세컨드 스테이지second stage에 발을 들여놓을 수 있다. 어물쩍 60대는 안 된다. 사실 이 책은 노인이 아니라 젊은이들이 읽고 생각해야 하며 40대부터는 읽고 실질적인 준비를 해야 할 내용이다.

다행히도 75세 이상의 후기 고령자들 중 특별한 간호 없이 완전 독립, 사회 활동을 할 수 있다고 응답한 사람이 90%나 된다. 지병 몇 개는 다 가지고 있지만 사회생활에 지장이 있을 정도는 아니라는 뜻이다. 그러나 좀 더 좁혀 85세 이상으로 살펴보면 일상생활 수행 능력에 아무런 문제가 없다는 사람이 77.2%로 뚝 떨어진다. 80대 후반이면 넷 중 한 사람은 누군가의 도움을 필요로 하는 어려운 사람이다. 도와주는 이가 없으면 나들이조차 혼자 나갈 수 없는 초고령자들이다.

## 요양 병원을 견학하고

가끔 요양원에 일어난 엉뚱한 사고가 보도될 적마다 가슴을 쓸어내리곤 한다. 몇 년 후 나의 모습이 투영되기 때문이리라. 준비 안 된 장수 시대는 환자나 가족, 정부에게도 큰 부담이다.

의대 교수 시절, 학생들과 함께 가까운 요양 병원으로 견학을 갔다. 병원에 들어서니 쾌적한 분위기가 전혀 아니다. 우리 사회의 어두운 단면을 고스란히 드러내 보이고 있다. 나라가 이만큼이나 살게 되었으면 좀 더 쾌적한 분위기나 서비스가 제공되어야 하는 게 아닌가.

나는 그날 아프리카 전쟁터 난민들의 처참한 모습이 자꾸 떠올라 괴로웠다. 폭우가 내리는 참호, 연신 포탄이 터지는 그곳에서 갓 태어나 비 맞은 담요 한 장에 쌓여 큰 눈만 보이는 아이의 모습이 떠오른다. '아! 이 녀석아, 너는 어쩌다 하필이면 이때 전쟁의 참호 속에서 비를 맞으며 태어나야 했던가.' 울긴 하지만 소리도 안 들린다. 엄마를 쳐다본들 그 야윈 가슴에서 젖이 나올 리가 없다. '이 아이들에게 따뜻한 손길을', 한국의 착한 자원봉사자들의 하소연이 내 귀를 따갑게 울린다. 요양 병원 견학을 끝내고 돌아오는 길, 참으로 발걸음이 무거웠다.

한데 문제는 다음 날, 그중 한 학생이 내 연구실을 찾아왔다. 종이를 내미는데 퇴학 원서였다. 휴학계도 아니고 아주 퇴학하겠다니! 하지만 그 학생의 의지는 단호했다.

"교수님, 저는 의사 될 자격이 없는 것 같습니다. 평소에도 가끔 내가 과연 의사가 될 자격이 있을까 의문을 품기도 했습니다. 어제 그 요양 병원 견학은 저에게 확실한 대답을 준 것 같습니다. '의사만이 전부는 아니다. 다른 분야에서 열심히 공부하고 인류 사회를 위해 할 수 있는 일은 얼마든지 많지 않으냐.' 저는 의사로서의 품성을 갖추지 못한 것 같습니다."

학생의 이야기를 들으면서 달리 권해볼 엄두가 나지 않았다. 의대 수업을 하다 보면 가끔 이런 일이 벌어지기 때문이다. 시체 실습을 하다 말고 그만두는 학생도 있다. 한 해 쉬어보자고 권하기도 하지만 이 학생의 경우 뭐라 만류할 생각을 못했다. 학생의 결의가 너무 분명한 것도 있었지만 그보다는 나 자신의 문제가 더 컸던 것 같다. 나도 의사로서 저보다 더 험한 의료 환경에 적응해 낼 수 있을까 고민한 것이다. 난 퇴학 원서를 받아들고 조용히 학생의 어깨를 다독였다.

이 글을 쓰면서 그때 생각이 너무 강하게 떠올랐다. 행여 장수의 늪에 빠져 허덕이는 신인류를 보더라도 그 모습에 놀라지 않기를 바란다.

의사라는 직업상 요양원이나 요양 병원을 찾는 날이 더러 있다. 고맙게도 요즘 대부분의 요양원은 내가 처음 보았던 곳과는 달리 아주 청결하고 말쑥해졌다. 그런데도 가끔 엉뚱한 사고가 터지곤 해서 모두를 놀라게 한다.

## 역사상 초유의 일

장수의 늪이라 표현하고 나니 너무 끔찍하고 잔인하다 싶어서 영 마음이 불편하다. 평균 수명이 지금까지 60년 동안 30세가 늘어났다면 앞으로도 얼마간은 더 늘어날 것이다. 그러나 무한정으로 늘어나진 않을 것이다. 현 83세인 평균 수명이 90대 후반에서 100세까지는 늘어나지 않을까 하는 추정은 가능하다.

2003년 4월 15일, 건강에 관심 있는 온 세계 사람들은 모두 가슴을 조였다. 유전자 지도가 완성되는 날이기 때문이었다. 한데 노화 유전자는 없었다. 유전자는 인간이 노화를 일으키도록 진화하지 않기 때문이다. 오히려 후성 유전자가 더 많이 관여하고 있다. DNA는 우리의 운명이 아니다. 인생은 태어나면서 타고난 DNA대로 되는 게 아니라는 뜻이다. 노화는 불가피한 일부가 아니라 폭 넓은 병리학적 결과들을 빚어내는 질병 과정이다. 노화 자체가 질병이다.

미국의 이야기이긴 하지만, 100세까지 사는 사람은 100명 중 3명에 불과하다. 115세까지 살 확률은 1억 분의 1이다. 시중엔 120세니 150세니 하는 장수 낙관론자의 이야기로 분분하지만, 인간의 수명엔 한계가 있다. 중거리 달리기 선수도 25세에 최고 기록을 세우고 다음엔 내리막이다.

이런 일들은 이 집 저 집 환갑잔치 다닌다고 할 적만 해도 누구도 상상 못 한 일이었다. 그런데 이 기적 같은 일이 우리 생애에 일어났다. 그만큼 우리 몸은 엄청난 변화를 겪어야 했다. 급작스러운 변화에 생리적으로 잘 적응하기가 힘들다. 특히 젊은이들은 식사 내용도 전통적인 한식에서 서구화되어 간다. 채식에서 벗어나 기름진 음식에 패스트푸드를 즐겨 먹는다. 이런 엄청난 충격적인 변화에도 불구하고 평균 수명이 비약적으로 늘어났다는 사실이 놀랍기만 하다.

한국인은 수천 년 평균 수명에 큰 변화 없이 살아왔다. 하지만 우리는 역사적으로 어떠한 변화에도 적응을 잘 해내는 융통성이 풍부한 체질을 가졌다. 갑자기 늘어난 평균 수명으로 인한 여러 가지 생활상 변화는 우리 역사에 비슷한 일도 없었던 그야말로 초유의 일이다. 보고 배워야 할 선배가 없다.

나 역시 장수의 늪에 관해 도저히 자신을 진단할 수 없다. 장수도 건강할 때 장수지, 제 몸 하나 마음대로 가누지 못하는 상태에서 무슨 장수이랴. 어쩌면 장수가 재앙일 수도 있고 원수나 공포의 대상일 수도 있다.

이런 엄청난 사회 변동은 우리가 처음 경험하는 일이어서 더욱 불안하다. 그동안 쌓아온 인생의 경험이나 축적된 지식이 아무 쓸모도 없게 되고 새로운 환경에 적응할 지식을 다시 터득하지 않으면 안 된다.

이것은 그리 간단한 일이 아니다. 자녀들이 출근한 사이 불이 났는데 노부부가 자동문을 열지 못해 참변을 당했다는 얼마 전 뉴스는 결코 남의 일이 아니다. 나도 제법 똑똑하다 생각을 하지만 TV에 나오는 새로운 프로그램은 정말 깜깜하다. 이젠 젊은이 도움 없이는 식당에서 밥 한 끼도 마음대로 주문할 수 없다.

# 언제부터 노인이냐?

몇 해 전 '노인의 하한선이 65세인 것은 너무 빠르다, 70세는 되어야 한다'는 말이 노인회에서 나왔다는 것이 신기했다. 지금까지 받아오던 노인 혜택이 없어질 텐데 말이다. 그런데 즉각 노인회에서 정정 보도가 나왔다. 지금까지의 복지 혜택은 그냥 두고 다만 노인이라는 명칭만 70세 이상으로 하자는 것이다.

내가 이번에 졸저를 준비하면서 가장 놀란 것은 노인의 정의가 확실치 않다는 것이었다. 대체로 70대부터 노인으로 보자는 것이 대세인 것 같다. 그러나 생물학적 견지에서 보면 요즘의 70세는 예전의 40~50세의 성인기와 같은 범주에 들어간다. 즉, 중년 세대와 같이 취급하고 치료를 해도 큰 문제가 없다.

노인 문제가 본격적으로 나타나는 나이는 75세부터다. 이때부터 본격적으로 노화가 시작된다. 85세 이상이면 진단은 물론 치료도 아주 까다롭고 어려워진다. 이 나이가 되면 노인은 작은 변화에도 엄청난 생리적 변화가 일어나기 때문이다.

65세부터 고령자(노인)로 부르기로 한 건 세계보건기구WHO에서 공식적으로 정한 것이어서 우리 마음대로 바꿔선 안 된다. 국제 기준에 어긋나기 때문이다.

65세를 기준으로 고령자라 불렀지만, 최근 들어 장수가 늘어나고 또 영양, 건강 상태가 좋아지면서 장수가 더 길어져 이젠 100세 시대가 눈앞에 와 있다. 따라서 노년기를 초기(75세까지)와 후기(75세 이후) 초고령자super-aged person라고 부른다.

초고령으로 보는 나이는 대체로 75세 이상이다. 이때부터 후기 고령자이며 생리적으로 성인기의 연장으로 봐선 안 된다. 신체나 뇌에 생물학적으로 큰 변화가 오고, 이로 인해 70대와는 전혀 다른 의미의 새로운 병태를 보이기 때문이다.

나의 현역 시절만 해도 이런 초고령 노인들을 볼 수 있는 기회는 많이 없었다. 내가 근무한 병원이 일반 종합병원이었고 노인과가 따로 설립돼 있지도 않았다. 그러나 이번에 이 졸저를 준비하면서 한국의 노년 의학과 미국의 그것은 아주 다르다는 데 놀랐다.

내가 주로 참조한 미국 서적은 『Essentials of Clinical Geriatrics(임상 노년 의학의 에센스)』다. 우선 목차를 펼쳐보니 한국에서 몇 권 안 되는 노년 의학과는 아주 다른 점이 눈에 띈다. 총론에 이어 노인에게 잘 보이는 증상이 순서대로 해설되어 있는데 제일 첫 번

째가 'Confusion(섬망)'이었다. 그리고 ②울병의 진단과 처치 ③실금失禁 ④배회, 넘어짐 등의 순서로 실려 있다. 여기서 주목할 점은 제일 첫 번째와 두 번째로 저술된 섬망과 울병 등이 정신과적인 문제라는 것이다. 우리 책에 심장병, 뇌졸중 등이 맨 처음으로 기술되어 있다는 점과 아주 다르다. 실제 잘 일어나는 순서대로 기술된 것이다. 우리가 여기서 배워야 할 점은 노인은 마음과 몸이 아주 밀접하게 연계되어 있다는 사실이다. 몸에 작은 이상이라도 생기면 곧바로 의식 장애를 동반한다. 역으로 정신적 부담이 신체적 증상으로 이어진다. 이런 현상은 젊은이들을 진료할 때와 아주 다르다.

정신과에서는 '죽고 싶다'라고 호소하는 환자가 많다. 자살? 잔뜩 긴장해야 하지만 사실 환자의 호소는 '죽고 싶은 기분인데 누구도 들어줄 사람이 없다'라는 호소다. 다시 한번 강조해야 할 점은 70세까진 성인병 진료와 다르지 않다는 점이다. 내장도 신경도 약화하여 노년기 특유의 문제가 나타나는 것은 75세에서 80세 이상이다.

실제로 노인을 진료할 때 몇 가지 유념 사항이 있다. 첫째, 나이가 같으면 모든 것이 비슷할 것이라는 선입관을 버려야 한다. 체중 하나만 두고 봐도 개인별로 엄청난 차이가 있다. 따라서 투약이나 치료 방법도 사람마다 다르게 해야 한다. 체중이 45kg밖에 안 되는 노인과 그 두 배나 되는 노인이 같은 처방을 받아선 안 된다. 미국에선 75세를 경계로 그 이상이 되면 '올드-올드(진짜 노인)' 그 이하는 '영-올드'라고 부른다. (시카고대학교 뉴가튼 교수)

고령자는 갑작스러운 변화를 감당하지 못한다. 아무리 해로운 생활 습관이어도 갑자기 교정했다간 큰 사고를 칠 수 있다. 가령 30대나 40대의 아직 덜 익은 사람들을 위한 동맥경화 예방은 효과를 크게 얻지만, 노인에게 이런 강압적인 교정은 조심해야 한다. 흡연, 당분, 운동 부족 등은 생활 습관병의 원흉들이지만 초고령 노인에겐 함부로 생활개선 처방을 내리면 안 된다. 오히려 혈압이나 혈당이 너무 낮으면 뇌 기능이 잘 돌아가지 않고 일시적인 섬망 상태에 빠질 수 있다.

육식肉食은 건강에 안 좋다는 생각에 고령자에게도 가급적 육식을 자제하라는 지도를 한다. 하지만 우리가 먹고 있는 하루 육류 소비량은 유럽인과 미국인에 비해 약 $\frac{1}{2}$(일일 평균 150g 내외)밖에 되지 않는다. 무리해서 좋아하는 육식을 줄이는 데는 문제가 있다. 더구나 한국인의 평균 수명이 세계 1위로 된 건 1985년에서 1990년에 걸쳐 일어난 대사건으로 우리가 육식을 마음껏 먹으면서부터다. 유럽과 미국에서 평균 수명 50세를 넘은 건 20세기 초였고, 우리가 50을 넘긴 것은 1955년 이후였다. 한마디로 육식을 하면서 평균 수명이 늘어났다는 사실을 명기할 필요가 있다.

# 자립의 의미

복지 선진 부국이라는 북유럽에 가면 놀랄 일이 한두 가지가 아니다. 우선 세금이 살인적으로 높다. 그런데도 신기하게도 누구도 높은 세금에 대해 불평하는 사람이 없다. 왜냐하면 이들이 은퇴 후 수입이 없을 경우 죽을 때까지 국가가 전적인 책임을 지고 경제적 비용을 물어주기 때문이다. 북유럽 사람들에게 세금은 평생 보장 보험이다. 이것을 믿고 세금을 내려면 뭐니 해도 국가 재정이 튼튼해야 한다. 적자투성이인 회사에 보험 가입을 할 사람은 없다.

우리와는 아주 대조적이다. 2021년 11월 9일 자 〈조선일보〉 기사는 아주 절망적이다. 생산 가능 인구 감소로 세금을 낼 사람은 적은데 돈 쓸 곳은 많으니 우리나라 살림이 쪼그라들 수밖에 없다는 결론이다.

권위 있는 외국 금융 전문지에 보이는 한국 경제의 장래도 역시 암담하다. 한마디로 OECD 국가 중 우리보다 생산성이 낮은 나라는 8개국에 불과하다. 2022년 우리나라 국가채무 정부 전망치는 처음으로 1,000조 원을 돌파했다. 국민 조세부담률은 2021년 처음으로 20%를 돌파했으며, 이런 추세는 상당 기간 지속될 것으로 전망하고 있다. 정부 지출을 줄여야 하는데 국민 기초 생활 보장 차원의 주거, 아동, 지방재원 등 정부가 의무적으로 지출을 해야 할 돈이 전체 지출의 50%를 차지하기 때문에 정부의 씀씀이를 줄이는 데도 한계가 있다.

우리의 자립, 자율, 책임 의식이 강조되어야 한다. 10년 후만 생각해도 천문학적으로 늘어날 노인 복지 비용을 지출할 여력이 있을 것 같지 않아서다. 자기 앞가림은 자기가 해야 한다는 결론이다. 내가 초고령이면 내 자녀들도 초고령이다. 정부도 능력 부족이면 누가 이 늙은이들을 책임질 것인가. 우리가 자립을 강조한 소이가 이해되었을 것이다. 문제는 경제만이 아니다. 건강은 물론이고 사회적 유대를 새로 만들어 가는 것 역시 전적으로 자기 책임이다.

개인의 노력만이 아닌, 국가도 채무를 줄이고 가볍게 나갈 수 있도록 재정을 꾸려야 한다. 정부 재정이 흔들리면 전 국민이 불안해진다.

# 자살

인구 문제를 이야기하려니 지방에 있는 중소기업의 심각한 인력난 이야기를 하지 않을 수 없다. 나는 우리의 중소기업을 둘러보곤 세계적인 기술을 보유한 세계적인 기업이 많아 정말 놀랐다. 이래서 그 치열한 국제시장의 무역 전쟁에서 이겨낼 수 있구나! 놀라지 않을 수 없었다.

문제는 이러한 중소기업에 국내 기술자는 물론이고 일반 사원도 아예 오질 않는다. 외국 근로자에 크게 의존하고 있는 형편이지만 국내 체류 문제가 법적으로 까다로워 모두 애를 먹고 있다. 더구나 최근 코로나 문제로 인력난이 참으로 심각해졌다. 나라마다 문을 잠가놓고 있으니 인력난이 더 심각해질 수밖에 없다.

아니, 이렇게 좋은 자리가 많은데 취업난이라니? 내 짧은 소견으로는 젊은이들이 대기업 취업만 희망하고 있는 건 아닌지 모르겠다. 만약 혹시라도 이런 좁은 생각이라면 단연코 생각을 바꾸어야 한다. 그런데 또 이해되지 않는 건 이런 현실을 앞에 두고 젊은이에게 실업수당을 주고 있다는 점이다. 취업률을 높인다고 공무원 수만 잔뜩 늘려놓고는……. 이 점에 관한 한 정부 시책에 결정적 문제가 있다고 지적하고 싶다. 이웃 일본과 비교해봐도 말도 안 되는 짓을 하고 있다.

**[표4] 10년간 자살 현황**

| | 자살사망자 수 | 자살률 (인구 10만 명당) |
|---|---|---|
| 2011 | 15,906 | 31.7 |
| 2012 | 14,160 | 28.1 |
| 2013 | 14,427 | 28.5 |
| 2014 | 13,836 | 27.3 |
| 2015 | 13,513 | 26.5 |
| 2016 | 13,092 | 25.6 |
| 2017 | 12,463 | 24.3 |
| 2018 | 13,670 | 26.6 |
| 2019 | 13,799 | 26.9 |
| 2020 | 13,195 | 25.7 |

출처: 한국중앙자살예방센터

이건 내 좁은 소견에서 나온 소리다. 그래도 먼 장래를 봐서 실업수당은 줘야 한다는 학자들도 있다.

한국의 젊은이에게 권하고 싶은 건 기술력 좋은 중소기업에 취업하라는 충고다. 당장 일약 세계 최고의 기술자가 된다. 그리고 여러분의 창의력을 마음껏 발휘해볼 기회가 생긴다.

생각이 여기까지 미치고 보니 우리의 자살 문제를 다시 한번 생각해보지 않을 수 없다. 지난 10년간 꾸준히 자살자는 연간 1만 3,000명, 자살률은 세계 1위를 유지하고 있다.

우리도 이만큼 살 만하게 되었는데 왜 그럴까? 딱하게도 어느 학자도 이 높은 자살률의 원인을 해명하고 있질 못하다. 한 사람의 성공적인 자살 배경에는 50여 명의 자살 예비생이 진을 치고 있다. 우리 이웃에 죽을까 말까를 심각하게 고민하는 사람이 이렇게 많다니 신문 보기가 두렵다. 도대체 무슨 사연이길래 제 목숨을 헌신짝 버리듯 할까? 세상에 제 목숨보다 귀한 게 어디 있다고……. 정말 마음이 무겁다.

"산다는 건 참으로 힘든 일이다. 잔혹하다. 하지만 그렇다고 내 목숨을 버려야 할 만큼 잔혹하진 않다."

소련의 작가 막심 고리키가 한 말이다. 그도 청년 시절에 권총 자살 기도를 한 적이 있어 더욱 설득력이 있다. 희망을 품어라, 꿈을 잃지 마라……. 이런 말보다 확실한 인생관의 정립이 중요하다.

살아간다는 것은 내 힘으로 사는 것이 아니고 전 우주의 힘으로 살려지고 있는 것이다. 살아간다는 것에는 여러 가지가 필요하다. 우선 우리보다 약한 동식물을 잡아먹어야 한다. 그뿐 아니다. 태양도, 땅도, 물도 필요하다. 이런 모든 것들을 섭취, 흡수함으로써 이 작은 생명이 유지되고 있다. 우리가 자는 동안에도 몸은 생명을 유지하기 위해 잠시도 쉬지 않고 일하고 있다. 이런 생각을 하노라면 제 목숨 제멋대로 할 수 없다는 생각을 진지하게 하게 된다. 작은 우리 생명 하나 유지하기 위해 전 우주가 참여하고 있다는 생각을 하노라면 천근보다 무거운 생명의 무게를 느끼게 된다.

경제적으로도 인구 절벽이란 말이 몸에 와닿는다. 젊은 부부는 아기를 낳지 않고 멀쩡한 사람의 자살이 이렇게 많으니 걱정이 아닐 수 없다.

# 일단 살아보고

낮은 출산율, 높은 자살률, 이 둘이 합쳐지면 웬만한 중소 도시 하나는 증발하는 셈이다. 거기다 만혼에 첫 출산도 늦어진다. 미국의 예일대학교 연구 보고에 의하면 임산부의 출산 연령이 높을수록 순산 과정이 힘들고, 태어나는 아기의 선천적 기형이나 여러 가지 부작용이 늘어난다고 한다. 같은 보고서에는 임산부의 출산 연령이 높을수록 심지어 태어나는 아기의 건강 상태도 젊은 임산부들에 비해 턱없이 나쁘다고 한다.

우리 엄마는 열여섯에 형을 낳았다. 요즘 엄마들은 결혼도 늦지만 첫 출산도 30대 중반을 넘기는 경우가 적지 않다. 그나마 낳기만 한다면 고마운 일인데, 결혼도 하지 않고 아기도 낳지 않으니 인구절벽이라는 말이 헛소리가 아니다. 지자체마다 온갖 수단을 다 동원해보지만 백약이 무효다.

내가 생명 보험 회사 사회공헌재단 이사장을 맡고 있을 때 젊은 부부가 왜 아기를 낳지 않는지 광범위하게 조사를 한 적이 있다. 여러 가지 문제들이 제기되었지만, 가장 큰 문제는 아이를 맡길 곳이 없다는 것이다. 친정 생각도 옛날 같지 않아 선뜻 맡길 수 없다. 아기 보는 것은 중노동이다. 젊은 여성이 많은 기업에서는 보육원을 운영하기도 하는데, 젊은 엄마들로부터 대환영을 받는다.

그리고 큰 문제 중의 하나가 우리의 낡은 도덕관, 윤리관이다. 유럽이나 남미 등지에선 혼외 출산이 일상화되고 있다. 브라질에선 혼외 출산이 60%가 넘는데 우리는 겨우 2%를 웃도는 세계 최고의 윤리 국가로 손꼽히고 있다. 출산율을 높이기 위해 지금도 정부나 지자체에선 엄청난 지원을 해주는데, 아이가 대학을 졸업할 때까지 대학 등록금을 전액 장학금으로 내주는 것 등이 그 예다. 그래도 출산율은 세계 최저다. 그런데 또 양육할 능력이 없는 미혼모의 아이는 해외 입양을 보내기도 한다. 국내에선 인구절벽이라고 아우성치는데 해외 입양이라니!

이를 해결하기 위해선 혁명적이고 파격적인 정책이 필요하다. 한국의 전통 의식을 시대에 맞게 조정하여 젊은 남녀의 가치관에 적합한 정책 대안을 만드는 것이 필요하다.

나는 그 한 예로 우리 젊은이들의 동거 생활을 적극적으로 권장하고 있다. 우리는 지금도 '동거'라고 하면 아주 몹쓸 짓으로 치부한다. 그리고 대학 캠퍼스에도 아기 돌봄센터를 건립해야 한다.

동거를 하다 보면 임신이 될 수 있는 확률이 아무래도 높다. 결혼에 앞서 실험적 생활을 하다 보면 이혼율이 낮아지고 정서적으로 안정이 된다. 실제로 미국 예일대학교 연구 보고에 의하면 스테디 데이트stady date를 하는 커플은 안정된 학업에 시험 성적도 올라간다.

30대 후반에 결혼하는 일은 참 잔인한 짓이다. 정력이 왕성한 20대를 고스란히 둔 자학적인 결말이다. 내가 프로이트 공부를 해서 하는 이야기가 아니다. 미국의 경우 대체로 고등학교 때 처음으로 성적 경험을 한다. 우리는 30대 중반에도 독신으로 지내도 큰 걱정 없이 사는 것 같다.

기억하자. 안정된 성생활은 정서적 안정은 물론이고 창의적이고 의욕적인 생활을 가능케 한다.

이제 우리는 많은 분야에서 세계의 리더 역할을 자임해야 한다. 이 문제는 초고령 사회 진입과 함께 더 늦춰선 안 되는 중차대한 문제다.

# 베이비부머의 등장

앞으로 초고령 사회에 대한 대비를 잘해야 한다. 결론은 분명하다. 문제는 언제, 어디서, 어떻게 하느냐다.

세계 최첨단을 달리는 지금까지는 산업전사로서 달리 뭔가를 생각할 겨를도 없었다. 그러나 직장을 떠나는 순간 앞이 캄캄하다. 무엇을 해야 하나? 어정쩡 60대의 한 사람이 되는 것이다. 인생 제2막, 세컨드 스테이지에 대한 대비가 전혀 안 되어 있다. 그런 생각조차 해본 적이 없다. 지금도 옛날 명함을 들고 여기저기 기웃거리고 있다.

이 점에서 우리가 주목해야 할 세대가 1955년도에서 1963년 사이에 태어난 소위 베이비부머Baby Boomer, B.B 세대다. 한국전 이후 폭발적인 인구 증가가 있었던 시대다. 베이비부머는 700만 명, 정확히는 696만 명이다. 내가 이렇게 정확하게 기술하는 데는 이유가 있다. 한마디로 이 세대만은 초고령 사회 준비를 철저히, 조직적으로 시키자는 뜻에서다. 그러나 아직도 당사자나 사회 어느 구석에서도 그러한 취지의 관심을 보인 곳은 없다.

지난번 국회에서 신현영 의원이 유일하게 이 세대에 대해 언급했다. 이들의 52.7%만이 국민연금을 받는데 그나마 액수도 미미하다. 남성 76만 원, 여성은 반도 안 되는 32만 원을 받는 것으로 되어 있다. 이들이 60세 내외니까 이미 직장을 떠난 사람도 상당수 있을 것이다. 65세 노인 세대의 재취업 상태도 궁금하다. 왜냐하면 이들이야말로 세계 최고의 기술자들이기 때문이다. 이 세대가 한국의 현대적인 산업화를 일군 주역들이다. 이들이 자동차를 만들고 조선, 비행기 그리고 컴퓨터까지 현대 산업을 이끌어왔다. 나는 기억하고 있다. 1970년을 전후로 외국 기술자가 가방 하나 들고 김포 공항에 내리면 우리는 그들을 귀중히 대접했다. 그들의 기술력부터 경영 노하우까지 배워야 할 것이 너무 많았기 때문이다.

지금 우리 베이비부머 세대가 바로 이런 사람들이다. 세계적으로도 참으로 귀중한 자원이다. 개발도상국에 이들을 수출하면 이들은 외화벌이 일꾼으로서 마지막 인생의 장을 참으로 화려하게 마칠 수 있을 것이다.

베이비부머 세대의 시대가 온다. 이 세대가 아무 준비 없이 맨손으로 80대가 되는 날을 상상해보라. 끔찍하다. 지금부터라도 준비해야 한다. 늦지 않았다. 요즈음은 아무리 작은 규모의 기업이라도 외국과의 거래선이 있다. 그곳에서 손님이 오면 으레 사장실에선 당신을 부를 것이다. 친교가 쌓이면 우리 회사로 와 달라는 부탁을 받을 것이다. 제일 중요한 건 그 나라 말을 배우는 것이다. 이 점에서 우리는 결정적 취약점이 있다. 싱가포르의 기적은 외국어가 만들었다. 그 나라 국민들은 평균 3~4개 국어가 가능하다.

# 노인을 싫어하고 미워하는 시대가 온다

퇴근길, 와인이나 한잔할 생각에 분위기 좋은 카페에 들어선다.

"예약하셨습니까?"

"안 했는데요."

"죄송합니다. 예약 없인 입장이 안 됩니다."

노인을 내쫓는 구실이 예약이다. 차 한 잔에 예약이라니? 생각도 못한 일이며, 노인을 싫어하는 풍조가 만연하다는 방증이다. 노인이 들어오면 물이 흐려진다나?

'나쁜 놈들. 내가 목욕을 하러 왔나, 물이 흐려지게?'

외국에 나가면 풀장에도 남녀노소 할 것 없이 한데 어울려 즐겁게 시간을 보낸다. 한국과는 사뭇 다른 풍경이다.

나는 가끔 바쁘게 글을 써야 할 적엔 호텔을 잘 이용한다. 그런데 여기에도 노인에 대한 배려가 없다. 식당 메뉴 글씨가 하도 작아서 보이지 않는다. 호텔 목욕탕에는 작은 병이 네 개 있는데 호텔 이름만 왜 그렇게 크게 써놓았는지 도대체 그 용도를 읽을 수 없다. 담당 직원이 모두 젊어서 그렇다. 샴푸인지, 린스인지 알 수가 없다. 어떤 곳은 승강기 버튼 숫자가 하도 작아서 엉뚱한 층에 내린 적도 있다. 노숙한 직원이 있으면 우선 든든하다. 권위가 있어 보이고 내게 맞는 메뉴를 잘 추천해주기도 한다.

이는 단순히 노인에 대한 배려가 부족한 것이 아니고 바탕에 노인을 싫어하는 혐노의식이 깔려 있는 것이다. 비단 젊은이들만의 문제가 아니라 노인들 스스로도 생각해봐야 한다. 왜 젊은이들이 노인을 싫어할까?

"아니, 우리가 얼마나 고생해서 오늘의 한국을 만들었는데 무슨 배은망덕한 소리냐. 싫은 거야 어쩔 수 없다 치자. 하지만 예우는 잊지 말아야 한다. 그게 인간으로서 지켜야 할 최소한의 기본 예의다."

내 가까운 친구 중에도 이런 강성 발언을 서슴지 않는 친구가 있다. 우리가 겪어온 세월을 생각하노라면 그런 말이 나올 법도 하다. 하지만 이것은 협박이다. 섬긴다는 것은 제 마음에서 우러나와야 하는 것이지, 이런 강압적인 태도라면 노인을 싫어하게 되는 구실만 제공할 뿐이다.

싫어하는 데서 끝나는 것이 아니다. 머잖아 미워하는 시대가 온다. 인구 변동표를 보면 얼마 가지 않아 젊은이 한 사람이 노인 한 사람을 부양해야 하는 때가 온다. 초고속 고령 사회, 저출산,

그리고 최고의 자살률. 현재의 이 구도에서 변함이 없는 한 젊은이들이 무거운 짐을 지지 않으면 안 될 시대가 온다. 복잡한 계산을 할 것도 없고 눈에 훤히 보인다. 땀 흘려 일한 대가로 노인 부양을 해야 하는 경제적 부담이 젊은이의 어깨를 짓누른다. 절망적인 하소연이 나올 수밖에 없다. 좋아할 리가 없다.

얼마 전 노인회에서 65세를 노인으로 대접하는 것은 적절치 않고, 70세 이상부터 노인으로 의식하는 전환이 필요하다는 의견을 발표한 적이 있다. 그때 제일 좋아한 사람이 지하철 사장이다. 지하철 적자가 천문학적으로 불어나는데 노인도 아닌 노인은 무임승차를 하고 있다. 경영하는 입장에서 좋아할 리가 없다. 조금만 생각할 줄 아는 사람이라면 지하철 적자는 결국 국민 세금으로 메워야 한다는 것쯤은 알고 있다. 70세 노인설에 속으로 고소한 젊은이도 많았을 것이다. 거기다 경로석까지 만들어 출퇴근 시간에도 경로석에 편히 앉아 가는 것을 보면 차츰 얄미운 생각이 들 수도 있다. 그러나 노인들 목소리가 워낙 커서 노인회가 즉각 수정안을 내놓았다. 지금까지 관행으로 해오던 노인 우대, 무료 제도는 그대로 계속하되, 다만 노인이란 기준을 좀 올려 잡자고 했다. 내가 둘러본 외국에서도 노인에 대한 예우가 우리만큼 좋은 곳이 없었다. 일본도 고령자에게 얼마간의 할인은 해주되, 공짜는 없는 것 같다.

반감, 혐노, 증오 시대가 본격화되면 우리 사회는 세대 차라기보다 일종의 계급 투쟁의 양상을 띨 가능성이 있다. 한가한 노인 계급, 어떻게 보면 팔자 좋은 부자 노인의 지원을 위해 뼈 빠지게 일을 해야 하는 젊은이로선 계급 투쟁은 가능한 이야기다.

오늘의 노인은 우리가 생각하는 약자가 아니다. 수적으로도 많고 덩치가 커지면 정치 세력화될 수 있다. 노인 복지를 위한 목소리가 더 커질 수 있다. 정치에 문외한이지만 벌써 특정 이슈에 대한 나이별 의견이 노소 세대 간에 확연히 갈리는 것을 볼 수 있다. 노령 집단의 정치적 세력화와 함께 복지 문제 등 계급 투쟁의 양상을 부인할 수 없는 사회가 되어가고 있다.

건전한 해결책은 노인의 자립, 자율이다.

# 노인의 슬기가 필요한 시대

요즘은 정당에서도 '젊은 피 수혈'에 열을 올리고 있다. 선거의 승패는 젊은 세대에 달려 있다. 여야 할 것 없이 양대 선거 캠프가 청년 영입에 집중하고 있다. 기업도 마찬가지다. 젊은이의 참신한 아이디어를 좋아한다. 앞으로 다가올 AI, 로봇 시대엔 당연한 추세다. 하지만 늙은 지혜, 오랜 세월이 우러나는 체험도 소중하다. 균형이 잘 맞아야 한다는 것이다. 너무 한쪽으로 편향되면 자칫 기업이 엉뚱한 방향으로 갈 수도 있다.

미국 대통령 선거 이야기를 한 토막 하겠다. 레이건과 먼데일이 서로 경쟁 후보였던 시절, 첫 번째 토론에서 먼데일 후보가 상당히 유리한 여론몰이에 성공했다. TV에 나타난 레이건은 너무 늙고 피곤한 기색이 역력했다. 이것을 타깃으로 한 먼데일의 발언은 쐐기를 박는 듯했다.

"대통령의 나이가 좀 많다고 생각하지 않으십니까?"

먼데일은 레이건의 아픈 곳을 찔렀다. 레이건이 특유의 웃음을 지으며 응수했다.

"저는 이번 선거에서 나이를 이슈로 삼지 않으려 합니다. 상대 후보가 너무 어리고 경험이 없다는 사실을 정치적으로 이용하지 않는 게 좋겠지요."

장내에는 가벼운 웃음이 터졌고 이 한마디 여유와 유머로 전세는 완전히 역전했다. 레이건의 통쾌한 승리로 선거가 끝났다. 레이건이 승리한 요인이야 정치적으로 많은 분석이 있겠지만 일반 시민으로선 이 유머 한마디가 상대에게 치명적인 일격이 되었다는 것은 누구도 부인하지 못한다.

내가 보기엔 요즘 우리 정치는 너무 딱딱하다. 한마디로 유머가 없다. 정책과는 아무런 관련이 없는 말 한마디를 물고 늘어진다. 노정객의 노숙한 여유와 유머가 그립다. 물론 젊은 정치인의 혈기 왕성한 목소리도 있어야겠지만 노숙한 유머도 좀 섞었으면 좋겠다. 정치판도 그렇고 우리 사회 전반이 너무 메말라 있다. 축축한 인간적 체취가 그립다.

박근혜 대통령 시절 이야기다. 인문학 교수들이 티 파티에 초청을 받았다. 내각도 전원 참석한 자리, 수인사가 끝나고 분위기가 어색했던지 대통령이 유머를 하겠노라고 했다. 말석에 앉았던 내가 한마디 했다.

"박 대통령의 유머는 썰렁하다고 소문이 나 있는데 어쩌자고 까다로운 인문학 교수 앞에서 유머를 하시겠답니까. 걱정입니다."

장내에 폭소가 터졌다. 분위기가 한결 부드러워졌다.

"유머는 좀 썰렁한 것도 좋잖아요."

그리고 유머를 했는데 역시 썰렁했다. 돌아오는 버스에서 교수들이 역시 이 박사의 노숙함이 좋았다고 한마디씩 했다.

## 고령자의 사명

1920년대 스위스의 유명한 정신분석가 칼 융이 미국 인디언 촌을 찾아간다. 그곳에서 그는 인디언 노인들이 유럽 노인들과는 비교가 안 될 정도로 '의연하고 안정된' 모습과 '권위와 기품'을 갖춘 모습에 깜짝 놀라게 된다. 존경스럽다. 무엇이 그들을 저런 기품있는 노인으로 만드는 것일까. 그들과 함께 살면서 그 비밀을 알고자 했다.

인디언들은 아버지인 태양의 자식으로서 자기들의 종교적 의식에 따라 '우리 아버지가 저 하늘을 가로질러 가는 것을 돕는다. 그렇게 함으로써 이것은 우리만을 위한 게 아니고 온 세상 사람들을 위해서다'라고 했다. 융은 바로 이것으로 인디언 촌로의 기품과 당당함이 설명된다고 확신했다. 그들이 '아버지 같은 태양, 즉 생명 전체의 보호 아래 매일의 일출, 일몰을 돕고 있다'라고 하는 '우주론적 의미'를 갖고 있다는 것이다. 유럽이야말로 세계 중심이라고 생각하는 마당에 융이 이미 이런 생각을 이야기했다는 게 놀랍다.

지금 전 세계는 1920년대보다 훨씬 어렵게 돌아가고 있다. 현재를 살아가는 노인들이 그 사명을 어디서 찾을 것인가. 늙어 기품을 유지하려면 노인도 그냥 한가로이 있을 순 없을 것이다.

인디언 영화를 보면 추장의 절대 권위를 우리도 느낄 수 있다. 옛날 우리 동네에서도 서당에서 원로들이 내린 결정에는 누구도 이의를 달 수 없고 절대복종했다. 옛날엔 마을에 무슨 사고나 큰일이 나면 노인들의 많은 경험과 지혜, 슬기가 절대적으로 필요했다. 권위가 있을 수밖에 없었다. 지금은 그 낡은 경험이나 지식을 고집하다간 웃음거리가 된다. 노인들은 뒷전으로 밀려날 수밖에 없다.

그러나 여기서 한 가지 분명히 해둘 일이 있다. 젊은이는 노인의 경험과 살아온 지혜를 배울 길이 없다는 것이다. 나이 든 사람은 자기 경험에 젊은이의 새로운 지식을 더해 배우고 따라가면 엄청난 시너지 효과를 발휘할 수 있다. 젊은 리더가 많아지고 있으며, 서구 열강의 지도자들도 젊다. 그러나 잘 보아라. 그 뒤의 보좌진으로는 백발노인들이 버티고 있다는 사실을. 무시당하지 않으려면 서로를 배워야 한다.

하루가 다르게 변하는 세계, 빠른 적응을 하는 데는 젊은이의 역동적인 파워가 절대적이다. 그렇다고 젊은이 일색으로 조직을 꾸렸다가는 조직이 안정되지 못하는 약점이 있다. 젊은이가 주도하는 조직은 빠르고 역동적이지만 바로 거기에 허점이 있다.

벤처 기업은 30% 이상이 실패한다는 보도를 접할 적마다 신중하고 노련한 늙은 피도 함께 가야 조직이 안정된다고 생각한다. 그래서 당시 삼성 연구소에서는 '늙은 피 수혈'이라는 기치를 들고 나왔다. 빠른 결단에는 언제나 신중성이 결여된다. 젊은 사람은 의기투합하면 결정이 빠르다. 하지만 그럴 때 저 뒷자리 노숙한 고령자가 "이 사람들아, 그것 한 번 더 생각해보고 결정하자"라고 균형을 잡아야 그 조직에 안정성이 생긴다.

# 하이컬처 아카데미 High Culture Academy

세계에서 가장 빠른 속도로 초고령 사회로 진입하고 있는 나라가 한국이다. 하지만 우리뿐만 아니다. 인류가 유사 이래 만나보지 못한 새로운 초고령 사회로 진입하고 있다. 처음 당해보는 일이라 혼란스럽긴 어느 나라도 마찬가지다. 한국은 일찍부터 노인 공경 문화가 정착되어 있고 또 초고령 사회에 대한 새로운 문화 정립에 좋은 롤 모델로 온 세계가 주목하고 있다.

세계에 한국이란 이름을 떨칠 절호의 기회다. 초고령자를 위한 최고의 문화를 선보일 막중한 책임을 안고 있다. 이것을 계기로 한국의 국격이 껑충 뛰어오를 것이란 생각을 하니 흥분이 된다.

앞에서도 언급한 졸저 『신인간』을 쓸 때 홍대 앞, 이태원, 평창 스키장이 내가 인터뷰한 무대였다. 홍대 앞에 내가 캡슐족이라고 명명한 곳에는 작곡, 편곡을 위시한 젊은 음악가 그룹이 지하실에 모여 열정을 쏟고 있었다. 밖에는 빈 라면 그릇이 가득 쌓여 있었다. 인터뷰하면서 놀란 점은 모두가 괜찮은 집안 아이들이었다는 점이다. 이제 돌이켜 생각하니 그 젊은이들이 오늘 세계를 휩쓸고 있는 K-POP의 원조들이었다. 우리를, 아니 전 세계를 깜짝 놀라게 한 BTS가 하루아침에 탄생한 것이 아니다.

문화 기행차 케냐에 갔던 적이 있다. 저녁 식사를 마치고 잡담을 나누는데 운전기사가 지금 호텔로 출발하든지 아니면 2시간 후에 떠나야 한다고 했다. 〈대장금〉 방영 시간이라 꼭 챙겨봐야 하기 때문이라고 한다. 그 시간이 되니 길에는 차도 사람도 없었다.

그리고 '욘사마'가 일본에 초청받았을 때는 비행기, 헬리콥터가 그를 직접 모셔갔다. BTS만인가, 한국 영화가 세계 영화제에서 수상하고 월드컵 4강에 진출하고……. 도대체 우리에게 이런 일들이 벌어질 줄 누가 상상이나 했던가.

세계인은 그런 한국의 문화적 저력을 믿고 있다. 요즘 세계화란 말이 전혀 낯설지 않다. 경제, 외교, 군사 문제 등은 아직 선진 강대국을 따라가기 바쁘다. 그러나 문화만은 한국적인 배경으로 세계 정상을 달리고 있다. 우리에게 그럴 저력이 비장秘藏되어 있을 줄 누가 상상이나 했겠나. 신인류 초고령을 위한 문화를 한국이 선도하고 정립하는 데 세계인의 기대가 크다. 여기 주역은 젊은이가 아니고 초고령자다. 지금껏 축적된 노인력老人力을 발휘하여 한국 젊은이는 물론 세계를 깜짝 놀라게 할 것이다. 초고령의 신인류가 주역이요, 새로운 초고령 문화를 위해 이끌어야 한다.

SUPER
AGER

CHAPTER 2

# 중년을 다시 본다

# 언제부터 준비를 해야 하는가?

초고령 시대를 충실하게 살려면, 특히 초고령의 늪을 현명하게 잘 건널 수 있으려면 아주 어릴 적부터 준비를 잘해야 한다. 좀 극단적으로 이야기하자면 인간의 건강은 어릴 적 산야를 얼마나 누비며 거침없이 잘 뛰어놀았나 하는 데서 시작한다. 그리고 그때 형성된 건강이나 인성이 말년까지 영향을 미친다. 세 살 버릇 여든까지 간다는 것은 만고불변의 진리다. 물론 그 이후 사춘기, 청춘기, 중년기, 숙년기를 거치며 우리 인격에 소중한 경험들이 차곡차곡 쌓이면서 성장하고 성숙되어가는 것도 사실이다. 건강을 중심으로 이야기하자면 40대를 건강하게 잘 넘겨야 한다는 말이다. 당뇨, 암, 고혈압 등의 생활 습관병은 이때부터 싹이 트기 시작하기 때문이다. 양생養生은 여기가 고비다. 여기를 잘 다듬어야 한다.

인생 100년을 충실히 살려면 그 준비를 늦어도 40대부터 해야 한다고 전술한 바 있다. 어릴 적부터 하면 더 좋겠지만 피가 펄펄 끓는 청춘 시절엔 건강 이야길 해봐야 듣지 않는다. 어느 정도 건강에 대한 걱정을 더러 하게 되는 나이부터 하려니 중년부터 해야겠다는 결론이 나온다.

중년이 되어야 사람은 인간이 된다. 젊을 때 인간의 사고는 단발적이다. 시간이란 엄격한 것. 젊을 때는 만나는 사람 수가 한정되어 있다. 만나는 사람 수만큼 현명하게 된다는데 중년이 되면 세상엔 신도 악마도 없고 단지 인간만이 존재할 뿐이라는 것을 알게 된다. 내가 용감하든 겁쟁이든 나름의 쓸모가 있다. 내 기질을 사용하기 나름이다.

젊을 때는 도둑이 나쁘다고 생각한다. 그러나 가난해서 오늘 당장 먹을 것이 없는 사람이라면 훔쳐도 어쩔 수 없는 일이 아닌가. 요즘 한국에 도둑이 적은 것도 택배가 아파트 현관에 쌓여도 도둑맞는 일이 없는 것도 우리 어릴 적을 생각하면 참 기적 같다.

인생을 단선적으로 생각하면 안 된다. 무슨 일이든, 아무리 하찮은 일이라도 복잡한 원인이 있다. 인생에 세월의 무게가 실릴 때 비로소 인생사를 복합적인 시선으로 보게 될 안목이 생긴다.

# 중년을 다시 본다

사노라면 언젠가는 만나게 되는 초고령 사회. 아프고 힘들고 어려운 시기다. 누구나 그때를 대비하고 만반의 준비를 갖추어야 한다. 우리는 앞에서 그때를 위해 어떻게 무엇을 준비해야 하느냐에 대한 논의를 산발적으로 해왔다. 내가 이 책을 쓰게 된 배경이기 때문이다.

언제부터 시작해야 하느냐? 일찍 할수록 좋다. 늦어도 중년에 시작해야 한다. 1965년 엘리엇 자크가 처음 '중년의 위기'란 표현을 쓰면서 중년이라는 문제가 부각되기 시작한다. 중년은 기본적으로 '위험과 위기'의 대표적 시기라는 것이다. 물론 위기에 시달리는 것만은 아니다. 거기 따른 보상도 있다. 그의 결론은 한마디로 '이건 위기가 아니다, 몇 년간 지속되는 전환기다'라는 것이다.

학자들마다 중년을 정의하는 의견이 다른 건 그만큼 중년에 해결해야 할 일이 다양하고 복잡하기 때문이다. 특히 생산자로서 가장 중요한 시기이기도 하다. 분명한 건 젊은 청춘기를 지나 노년에 이르기까지의 중년기를 누구든 피할 수는 없다는 것이다. 언제부터가 중년이며 끝은 어디냐? 여기에는 학설이 분분하지만 최근엔 중년의 연령대가 자꾸 확대, 연장되어가는 추세다. 대개 40대에서 60대 중반까지 아주 넓다. 중년은 위기라기보다 전환기라고 정의한 자크의 주장에 설득력이 있다. 가장 큰 특징은 젊은 날의 자기중심에서 타인 지향성으로의 전환이다. 거기 따라 가치관에 큰 변화가 오는 시기다. 은퇴를 하고 조용히 나와 마주하면 그래도 괜찮은 인생을 살았다는 안도감이 찾아온다. 태풍이 지난 후의 고요함이랄까. 이처럼 중년 이후 반등은 일시적 기분 변화가 아니라 가치관이 바뀌고 만족감의 원천이 바뀐 결과로 찾아오는 성취감이다. 이런 생각을 할 수 있는 바탕엔 의학 발전이라는 수명 연장도 큰 몫을 하고 있다. 정년은 종점이 아니고 인생을 결산하는 시점도 아니며 아직 갈 길이 멀다는 안심감도 작용한다.

사회 구성의 중심을 일구고 있는 중년 세대의 가치관의 변화는 사회에 큰 파장을 일으킨다. 중년은 직장인으로서의 아이덴티티가 정립되기 시작한다. 그리고 60세가 가까우면 정년 은퇴라는 큰 관문이 기다리고 있다. 일생 중 가장 복잡다양하고 분주한 시기이기 때문에 많은 사람들은 일생 중 가장 빨리 지나쳐버리는 게 60세 이후의 삶이라고 한다. 정년을 맞아 무엇을 할 것인가가 확립되어 있지 않기 때문이다. 우왕좌왕하노라니 어물쩍 넘어가는 게 60세 이후다. 우물쭈물하노라면 그만 후딱 지나쳐버리는 게 중년의 특징이다.

슬슬 자기 점검의 시대가 온다. 내 인생이 다 뜻대로 된 건 아니지만 그래도 그만하면 제법 괜찮은 삶이었다고 자평한다. 물론 후회는 있다. 때로는 낙관론보다 비관적인 생각도 든다. 고령자는 중년의 연장이다. 결론적으로 중년의 위기는 없다.

정년을 앞둔 60세에 일발 역전의 계기를 만들기란 쉽지 않다. 그걸 노린다면 50대에 해야 한다. 50대는 노화의 시작이 아니고 도전의 시작이다. 마지막 불꽃을 피우기에 적기다. 그간의 경험을 바탕으로 의욕적이고 창조적인 계기를 만들어야 한다.

# 어물쩍 넘어가는 60대

일생 동안 60대에 가장 남는 게 없는 시간을 보내는 것 같다. 오랜 직장 생활에서 풀려난 해방감에 생활 자체가 해이해진 점도 있을 것이고, 그보다 당장 무슨 일을 하고 앞으로 어떻게 해나갈 것인가가 확립되지 않아 참 어정쩡한 시간을 보낸다. 허송세월, 후회만 남는다. 앞으로 다가올 초고령 사회에 대한 준비를 본격적으로 해야 하는, 아주 중요하고 요긴한 시간인데도 그렇게 체계적으로 잘 쓰고 있는 것 같지 않다.

이웃 일본에서도 이런 점을 감안하여 초고령 사회를 맞을 준비를 시키는 것이 참 인상적이었다. 내가 놀란 건 구강 기능 운동에 대한 훈련이었다. 이 기능이 약해지거나 퇴화되면 치매에 걸릴 확률은 물론이요 노화가 촉진된다는 이야기다. 마을마다 고령자들끼리 어울려 지내는 클럽이 많고 참으로 다양하고 재미있는 프로그램도 많다. 우리도 동네마다 있는 경로당 활동을 좀 더 유용하게 활용할 수 있는 프로그램이 연구 개발되었으면 좋겠다. 뭐니 해도 '함께 어울린다'는 것만으로 노인들 인지 행동에 아주 유익한 활동이 될 수 있다.

햇빛과 가벼운 산책은 뇌에 행복 호르몬 세로토닌을 비롯해 여러 가지 유익한 긍정성 호르몬 분비를 촉진시킨다. 최근엔 노인들의 보행 운동 부족으로 근력이 현격히 감소되었다. 이것이 활동력 저하로 이어져 여러 가지 건강상 문제가 야기되고 있다. 근력 운동은 젊은이들만의 것이 아니다. 노인들의 운동에도 근력 단련이 포함될 수 있도록 하는 프로그램 구성을 강력히 권하고 있다.

'어물쩍 60대'라는 후회를 하지 않으려면 60대에 다양한 활동을 함으로써 정신 집약을 해야 의미 있는 시간을 보낸 것 같은 기분이 된다.

### 60대, 구체적인 계획 수립을 위해!

20대~50대까지 100여 명의 독자들을 대상으로 2주에 걸쳐서 100세 인생 계획표를 써보고 발표하게 했다. 그러자 공통점이 발견되었다. 59세까지는 자기계발·경제 활동·취미 생활에 대한 계획이 구체적이었고, 사회적인 성공과 인정에 대한 욕구도 컸다. 그런데 60세부터 70세까지의 계획은 막연했다. 아마도 60즈음엔 퇴직을 했을 것이고, 육체적으로는 아직 젊지만 사회에선 재취업이 어려울 것 같으며, 창업을 하는 것은 퇴직금을 날릴 위험이 불안해서 도전하기 힘들 것 같고, 마냥 여가와 여행을 즐기기엔 너무 이른 나이인 것 같다는 게 공통 의견이었다. 60대에 무엇을 하며 어떻게 살 것인지 계획 세우는 것이 가장 막연하고, 한숨이 나온다는 것이다.

"60대에도 돈을 벌어야 100세까지 돈 걱정 없이 살 수 있을 것 같은데, 60대에 나를 필요로 하는 곳이 있을지 모르겠다."

"60대엔 자녀들 결혼시키고 분가시키다 보면 목돈이 많이 들어갈 텐데, 오히려 경제적으로 가장 힘든 시기가 아닐지 걱정된다."

"60대부터는 즐기며 사는 게 목표였지만, 몸은 쇠약해지기 시작할 테고, 경제 활동을 잘할 자신은 없고, 노년을 걱정 없이 보낼 준비는 안 되어 있고……. 경제 활동은 해야 할 것 같다. 하지만 젊은 시절의 경력을 살려서 일을 하기도 쉽지 않을 것 같다. 여자는 시급 베이비시터, 남자는 비정규직 경비원 외에 받아주는 곳이 없다고 들었다."

오히려 70대, 80대, 90대의 계획은 쉽게 작성했다. 작은 일이라도 봉사 활동을 하고 싶다, 가족과 함께 시간을 많이 보내고 싶다, 동네에서 친구를 사귀고 함께 취미 생활을 하고 싶다, 자서전을 쓰고 싶다 등등 의미 있는 일에 시간을 쓰며 인생을 잘 완성하고 싶다는 꿈들이 있었다.

그렇다. 60대의 계획을 세우는 건 쉽지 않다. 늙지도 젊지도 않은 어중간한 나이 60대. 경제활동을 활발하게 할 수 있는 건강한 나이로 보고 있는 것이다. 하지만 현실은 청년처럼 일할 수 있는 사람들에게 50대 중반만 되어도 그만 집에 가서 쉬라고 권한다.

몸도 마음도 뇌도 젊은 5060세대는 혼란스럽기만 하다. 현장에 모인 100명은 55세~69세를 중년이라고 생각한다는 의견이 압도적이었다. 70세는 되어야 노인이라고 생각하며, 69세까지는 사회·경제적 활동을 충분히 할 수 있으며 해야 한다는 의견이 많았다. 아직 한국 사회엔 60대를 청년처럼 건강하고 활기차게 보내는 롤 모델이 없기에, '막막하고 애매한 나이'가 60대인 것이다.

그래서 100세 인생 신인류의 삶을 계획하려면 60대를 어떻게 보낼 것인지 롤 모델을 제시할 필요가 있다. 3040부터 미리 나의 60대를 고민하고 기획하고 준비해야 하는 것이다. 많은 생각을 해야 하고 고민해야 한다.

은퇴 후 갑자기 폭삭 늙어버리는 사람을 더러 보았을 것이다. 뇌를 안 썼기 때문이다. 뇌는 많이 써서 문제가 되는 것보다 쓰지 않아서 퇴화하는 경우가 많다. 특히 의욕을 관장하는 전두전야는 방치하면 80대에 29%가 위축된다. 뇌의 다른 분야는 2% 위축되는 데 비하면 아주 치명적이다.

## 사회 변동에 따른 나이에 대한 생각

중년을 정의하다 보니 사회문화권이나 시대에 따라 나이를 보는 시각이 아주 달라지고 있구나 하는 생각을 하게 된다. 우선 내가 보는 나이, 내가 생각하는 나이에 대한 이야기는 그간 단편적으로 써왔기에 독자들은 대체로 내 생각의 윤곽이 잡혀 있을 것이다. 내 생각을 한마디로 표현한다면 '나이는 자기가 결정한다'는 것이다.

지금까지 전체적인 인생행로와 사회의 관계는 ①배우고 ②일하고 ③은퇴하는 아주 단순 관계였다. 이 연령별 단계는 오랜 관습으로 정착되어 우리 뇌리 깊숙이 박혔기 때문에 이걸 깨기란 쉽지 않다. 이 틀을 깨고 자기 나름의 단계를 설정하고 실행하는 건 상당한 저항과 파격을 각오하지 않으면 안 된다. 내가 생각하기에 제법 올곧은 생각을 하고 판단할 수 있으려면 60세 정도는 넘어야 가능한 게 아닌가 한다. 그전까지는 엉성하고 미숙하다. 어떻게 보면 60세 이전까지는 인생 연습이고 습작을 하는 시간이라는 게 자평이다.

나는 매 5년마다 우리 한국 사회가 가장 필요로 하는 것, 내가 할 수 있는 것을 고른다. 그리고 그것을 전파하기 위해 강연, 사회활동, 대중매체, 저서 등 모든 지적 활동을 집중한다. 참고로 2020년부터 2025년까지의 내 목표는 면역이다.

대학 정년 퇴임식 불참도 내겐 큰 의미가 있었다. 정년을 5년 연장하고 그 후에도 1년 동안 무료 봉사하였다. 그리고 누구도 거들떠보지 않는 예방의학센터를 설립하고 지금까지 세로토닌 문화원을 운영하고 있다. 80세가 되던 해부터 평생 그림 한 점 그려본 적이 없는 내가 문인화 교실을 열었으며, 그간 전시회를 몇 차례나 열었다. 그리고 지금은 대금 연주를 위해 노력하고 있다. 아직 소리가 잘 나오지 않지만 열의만은 대단하다. 가운을 벗고 유기농 농장으로 간 것도 파격이다. 90세 NGO 수장이라니? 이렇게 바쁜 스케줄에 보는 사람들이 깜짝 놀란다. 어쩌면 그렇게 젊어 보이느냐, 건강하냐, 언제 그런 일들을 다 하느냐, 비결이 무어냐……. 질문이 쏟아진다. 그러나 내가 별달리 하는 일은 없다. 건강하다고 믿고 그렇게 생각하면 뇌는 가소성이 발달해서 정말 그렇게 된다.

이건 나 혼자의 생각이라 어디 자랑 삼아 떠들진 않는데, 이번에 내가 존경하고 오랜 벗이기도 한 곤노상今野 由梨으로부터 귀중

한 저서 선물이 막 도착했다. 『80대, 인생 지금부터80代、人生これから』 라는 제하에 쓴 저서인데 나이에 대한 생각이 나와 같아서 아주 반가웠다. 이분은 85세인데 전화 서비스 사장으로 지금도 현역으로 뛰고 있다. 건투를 빈다.

# 몇 세부터 몇 세까지 중년이냐

몇 세부터 몇 세까지가 중년이냐, 여기에는 시대와 문화권에 따라 상당한 차이가 있다. 대체적으로 젊은 청춘기와 노년기의 중간에서 교량 역할을 하는 게 중년의 특징이다. 따라서 개인마다 중년을 어떻게 보느냐에 따라 다음에 닥칠 노년기에 지대한 영향을 미친다. 최근 UN에서 내놓은 규정은 지금까지 우리가 갖고 있는 중년기 인식과 상당한 거리감이 있다. UN의 중년의 정의는 66세에서 79세로, 몇 해 전 우리가 생각하던 초로初老기에 해당한다. 그만큼 현대인의 활동 범위가 넓어지고 젊어진 결과로 보인다. 따라서 나이별로 구분하는 건 별 의미가 없어 보인다.

그래서일까, 언론 매체에서도 중년을 정리할 때 나이별 분류에서 크게 벗어나 있는 것 같다. 가령 최근 〈조선일보〉 특집 기사에는 'A세대'라는 표현을 썼다. 중년이란 말을 쓰지 않고 'A세대'로 표현하고 있다. 베이비부머나 MZ세대란 약칭도 같은 맥락이다.

A세대 본인들이 나이에 고정된 이미지가 싫고 보다 넓게 자유분방한 그들의 의식을 그대로 반영하고 있는 것이다.

이런 호칭은 각 세대별 특징을 가장 잘 표현하고 있다. A세대는 경제, 교육 수준이 높다. 두드러지는 특징으로 '늙지 않는, 젊음 그대로Agefree'라는 표현이 가장 적절하다.

워낙 외모에 관심이 많은 세대라 A세대는 '동안'을 위해 성형 줄기세포 치료도 서슴지 않는다. 그런 엄마들이 시니어니 중년, 심지어 실버라는 호칭으로 불리는 게 좋을 리 없다.

## 중년과 시장 경기

얼마 전 〈조선일보〉 기사에 눈이 번쩍 뜨인다. '놀 줄 알고 쓸 줄 아는 A세대…… 명품·전기차 시장의 50% 장악'이라는 제목의 기사다. 고학력·고소득 중년층은 친환경 식품 구매자의 60% 이상이며, 다양한 신사업의 테스트 베드 역할을 하고 있다. 신기술에도 개방적이고 자신감 있는 이 세대는 인구도 전 연령층 중 가장 많다.

광고 기업 'TBWA 코리아'에 따르면 이와 같은 A세대의 특징은 경제, 교육 수준이 높은 50세 이상으로 ①Ageless(늙지 않는) ②Accomplished(성취한) ③Autonomous(자주적인) ④Attractive(매력적인) ⑤Alive(생동감) ⑥Admired(존경받는) ⑦Advanced(성숙)으로 표현했다. 참으로 적절한 표현이다. 이들은 심지어 시니어라는 표현도 싫어한다. 난 아직 늙지 않았다는 확실한 자기 인식의 소유자다. 그런 만큼 시장에서도 주도 세력으로 등장, 코로나 시대의 그 어려운 환경에서도 이들을 고객으로 하는 전문점은 호황을 누리고 있다. 이들은 몸 관리에도 열심이다. '영 앤 뷰티Young&Beauty', 거의 반이 성형 찬성이다. MZ세대보다 외모, 다이어트에 관심이 많다. 신문 표지에는 BTS가 밀렸다는 기사가 헤드라인을 장식했다.

이 기사 한 토막으로 앞으로 전개될 미래 세대의 활동상을 엿볼 수 있다. 이들이 단연 시장의 주 고객이요 시장 문화를 선도하는 것이다. 이렇게 보면 중년 세대의 미래상은 밝고 진취적이다.

나이 듦의 의미도 많이 달라졌다. 늙고 쇠퇴하는 이미지에서 밝고 역동적이고 성숙하고 화려한 면이 부각된다. 시간은 절대적이지만 나이 듦은 상대적이란 생각을 강하게 하게 된다. 물론 이들에게도 큰 강바닥에 거꾸로 흐르는 저류가 있고 저항의 형태로 만나야 할 때가 있다.

한 조사에 의하면 인생 만족도는 50대 초반에 최저점을 찍고 그 이후 차츰 서서히 상승 곡선을 그리다가 70세에 최고점을 찍는다. 이런 곡선은 대체로 선진국에서 나타나는 현상이다. 우리도 이런 인생 약도를 그릴 수 있는 날이 가까이 왔음을 증언하고 있다.

# 나이 듦의 역설

중년이 되면 차츰 고개를 드는 반갑지 않은 생각이 있다. '내 전성기는 이미 지나가버렸다'는 생각이다. 한물갔다는 생각이 중년을 괴롭힌다.

젊을 때는 인생을 대체로 낙관적으로 보는 경향이 크다. 실제보다 10% 이상 낙관적으로 평가한다. 거기 비하면 중년은 대체로 비관적으로 보는 경향이 크다.

그러나 인간의 본성은 삶을 낙관적으로 보는 경향이 강하다. 물론 이런 낙관론은 복잡한 실생활과 부딪치면서 쇠퇴하고, 우울한 현실주의가 자리를 잡는다. 그래서일까, 40대에는 긍정과 부정, 그리고 중립적인 정서 상태가 복잡하게 얽혀 있다. 멀지 않은 곳에 고요한 바다가 있다는 걸 인식하지 못한다. 높은 암벽에 둘러싸여 그 평화스런 잔잔한 바다가 보이지 않는 게 중년의 여행자다. 스무 살에 너무 낙관적이라면 50대엔 너무 비관적이다. 그러나 차츰 나이가 들어 성숙기로 들어서면 중년은 한결 정서적으로 안정되고 행복해진다는 게 선진국 학자들의 의견이다.

우리는 노화 연구라면 대체로 쇠퇴에 대한 것을 주제로 한다. 사람들이 무너지는 과정에 대한 연구다. 실제로는 나이가 들면 육체가 쇠퇴하는 건 사실이지만 정서적으로는 안정되고 행복지수도 높아진다. 스트레스는 나이가 들면 20대부터 서서히 올라가다가 50대가 되면 감소한다. 70대가 가까워지고 자녀의 결혼, 건강도 안정되면 스트레스는 현저히 감소한다.

그리고 뭐니 해도 나이가 들면 감정 절제력이 높아진다. 이건 젊은이가 흉내 낼 수 없는 고령자의 축복이다. 우울증도 잘 견뎌 내며 생활 전반에 긍정성이 강해진다. 나이가 들면 신체 건강과 정서 건강은 같은 방향으로 움직이지 않는다. 다시 말하지만 나이가 들면 가치관이 변한다. 가치관이 정립하면 인생의 긍정적인 면이 부각된다. 이게 나이 듦의 역설이다.

그리고 한결 쉽게 적응하는 융통성이 있다. 칠순, 팔순까지 제법 험한 산을 즐겨 오르던 친구가 있다.

"요즘도 큰 산에 잘 가?"

"아니, 나는 늙고 쇠약해지는데 산은 늙지 않아. 그래서 요즘은 가까운 뒷산을 오른다네."

나이 들면 몸이 마음대로 안 움직인다. 마음은 그대로인데 몸이 따라주지 않는다고들 불평이다. 하지만 근력이 약해진다고 그로 인해 의욕마저 떨어진다면 문제다. 실제로 우리 몸엔 예비력이 있다. 평소엔 우리가 갖고 있는 에너지를 반도 안 쓴다. 예비력이 충분하다는 뜻이다. 70, 80세에도 지하철 계단을 아무 불편없이 오르내리는 사람을 보라.

# 나이 경계가 사라진다

요즈음 길거리에 나가 보면 전체적으로 사람들의 인상이 비슷하다. 모두가 중년으로 보인다. 어쩌다 기묘한 옷을 입은 젊은이들이나 학교 근처 교복으로 한마당을 이룬 곳 등을 제외하면 어느 그룹도 특색이 없다. 더구나 요즈음은 마스크를 쓰고 있어서 더하다. 얼른 보기엔 모두 비슷해서 특색이 없다. 그전엔 옷만 봐도 대체로 나이가 짐작이 갔는데 요즈음은 전혀 구별이 안 된다.

우리 손자 아이가 여름이라고 내 셔츠와 바지를 사왔는데, 내가 보기엔 완전히 청소년용이다.

"이걸 내가 어떻게 입어?"

그러자 요즈음 남녀노소 구별 없이 유행이라며 입으라는 것이다. 막상 입어보니 참 편하고 내 체형에 잘 어울리는 것 같았다. 세대 차가 없고 나이가 없다더니 그 바람이 이제 이런 초고령 영감한테까지 찾아왔구나 싶었다.

우리 문화원에 모녀가 나란히 오면 도대체 어느 쪽이 엄마인지 구별이 안 돼 참 난처할 때가 더러 있다. 유행이란 게 참으로 묘한 것이어서 그전엔 남녀 구별이 안 되더니 요즈음은 나이 구별도 없어진 것 같다.

# 중년中年의 다작多作

나는 전문 작가도 아니면서 글은 많이 쓰는 편이다. 그것도 중년 이후에 쓴 글이 많다. 대체로 작가들은 중년까지는 확장기다. 젊은 기운이 철철 넘친다. 그리고 정성껏 작품을 써낸다. 참 놀랍다. 작가는 대체로 가난하다. 돈 때문에 써야 하는 작가도 있고 호기심으로 쓰는 작가도 있을 것이다. 내 경우는 이도 저도 아니다.

나는 전문 작가가 아니다. 따라서 소위 소설 같은 것은 써본 적이 없다. 거의 과학 에세이, 특히 건강에 관한 책이다. 나는 중년까진 책을 쓸 생각을 해본 적이 없고 내 처녀작은 40대 후반에 나왔다. 허리 디스크로 외출도 어려울 때 집에서 뒹굴며 평소 생각을 적은 것이다. 그게 베스트셀러가 될 줄은 꿈에도 몰랐다. 『배짱으로 삽시다』라는 책 한 권으로 하루아침에 유명 인사가 된 것이다. 솔직히 당황스럽기도 했다. 신문과 방송이 그런 나를 그냥 두지 않았다. 비결이 뭐냐는 질문이 제일 많았다. 전문 작가도 아닌 주제에 무슨 비결이 있을까? 대답을 피하긴 했지만, 속으로는 면밀히 계산했다. 도대체 이유가 뭘까? 당시 군사정권하에 모두 위축되어 있는데 어깨를 펴고 살자는 시대적 화두가 먹힌 것 같기도 하고 어느 기자는 내 문장 자체가 매력적이라고 분석했다. 쉽고 간결하며 물 흐르듯 부드럽게 읽힌다는 것이 비결이라 는 것이었다.

정신과적인 어려운 화두를 누구나 알아듣기 쉽게 써낸 게 매력이라고 했다. 그러고 보니 나는 평소에 사람들 글이 너무 길어 호흡이 맞지 않아 답답함을 느꼈다. 그리고 잘 알아듣지 못하게 쓴다. 난해한 문장에 부딪히면 화가 난다. 그 때문에 아주 심오한 철학이 있는 건 아닌가 하고 존경하는 독자도 있을 것이지만 난 그런 학자는 경멸한다. 수련이 잘된 학자라면 아무리 복잡하고 철학적인 것도 아주 쉽고 간결한 표현으로 쓴다. 그것이 필력이고 재능이다. 그렇게 쓸 자신이 없으면 쓰지 말아야지, 이것은 공해公害다. 전문학회나 학회지에 발표해야 할 일이다.

내가 쓴 책은 110권이 넘는다. 전공 분야가 사회정신의학이라 사회에서 벌어지고 있는 일에 무관심할 수 없다. 그래서 매 5년마다 정해놓은 과제가 있다. 지금의 5년은 면역이 주제다. 면역 책이 그간 세 권이나 나온 것도 그런 과제의 일환이다. 불행히 의학은 하루가 다르게 발전한다. 내 딴에는 최신 지식을 총집결한 저서라 생각하지만 1년도 지나지 않아 새로운 지식이 등장한다. 많이 쓰지 않으면 안 되는 사연이 여기 있다.

# 한恨의 인생

누구나 돌아보면 풀리지 않고 켜켜이 쌓인 묘한 감정이 있다. 그럴 만한 이유가 있어 그럴 수 있고 뚜렷한 이유 없이 그럴 수 있다. 문득 우울한 감정이 솟아난다. 사기를 당하거나 배신을 당한 일도 없는데 무슨 사연인지 무력감과 인생무상에 빠진다. 이런 무거운 마음 상태를 한恨이라고 부른다.

한은 한국인의 정신문화라고 한다. 사노라면 인생의 무게가 등을 무겁게 짓누르고 아픔, 괴로움, 슬픔을 느낀다. 그런데 그것만이 아니다. 우리는 이것을 넘기 위해 노력한다. 한풀이다. 맺힌 한을 푸는 일이다.

내가 뉴욕에서 하루 1달러짜리 생활을 해야 했던 가난한 교환학생 시절, 싸구려 10전짜리 도넛에 핫도그 25전, 햄버거 25전 그리고 그 형편에 담배까지 피웠다. 만만찮은 돈이다. 배고픈 창자를 움켜쥐고 문득 고급 식당 앞을 지날 때면 구수한 스테이크 냄새가 미치게 했다. 코를 막고 지나가야 했다. 내겐 그게 한이었다. 언제 저놈 한번 실컷 먹어봤으면. 참 철딱서니 없던 시절의 참담한 이야기다.

이윽고 맺힌 한을 풀 날이 왔다. 이젠 어엿한 교수로서 제자를 이끌고 뉴욕 학회에 참석차 와서 고급 식당에 들어섰다. 물을 것도 없이 뉴욕 스테이크 7인분을 시켰다. 웨이터도 놀랐다. 우리 제자들도 놀라 물었다.

"그게 뭡니까?"

"아무 소리 말고 먹어."

마음속으로 외쳤던 말이 튀어나올 뻔했다.

"이놈들아, 그게 내 한풀이다."

요즘 나이를 먹어 그런지 그간 쌓인 한이 잠잠하다가 옛날 회상과 함께 문득 살아난다. 그럴 때마다 긴 한숨과 함께 날려버린다. 잠시 후련하다가도 또 한이 온다. 그리 한 많은 인생이었나!

# 내 나이
# 내가 결정한다

나이에 따른 분류에는 워낙 다양하고 복잡한 인자들이 작용하기 때문에 일정한 틀에 집약시켜 논하기가 무척 어렵다. 학자들마다 나이를 보는 관점도 다르기 때문에 연령별 공통분모를 찾아 분류하는 데 한계가 있다. 그래서 최근에는 나이별 분류보다는 A세대, MZ세대처럼 그 그룹의 특징적인 속성을 드러내는 방향으로 명명하는 경향이다. 우리가 명명한 '신인류'도 대체로 이런 경향을 제시하고 있다. 이런 명명법은 대체로 그 사회의 공통적인 특성을 잘 나타낸다는 합의점이 있어야 한다. 하지만 이 역시 간단치 않다.

나를 처음 대면하는 사람들은 내 나이에 대한 궁금증이 참 많다. 그때마다 큰 생각 없이 솔직하게 나이를 이야기한다. 대다수의 사람들은 깜짝 놀란다. 아니 그 나이에 어떻게 그리 젊어 보일 수 있느냐, 어떻게 그리 활동적이냐, 책은 언제 쓰느냐 질문이 끝이 없다. 개중엔 나를 모델로 삼아 살겠다는 사람도 더러 있다. 이야기가 이런 방향으로 진행되면 차츰 책임감에 어깨가 무거워지기 시작한다. 함부로 아무렇게나 살면 안 되겠구나, 반듯하게 살아야겠구나, 모범이 되어야겠구나 하는 생각이 어깨를 짓누른다.

그런저런 사연들을 따져 생각하니 도대체 내 나이가 몇 살쯤이면 적당할까, 참 엉뚱한 생각이 든다. 그렇다. 나이는 제 마음먹기다. 어느 쪽이든 누가 시비를 걸 사람이 없다. 더구나 뇌 과학을 공부하는 입장에서 뇌의 가소성을 생각한다면 전혀 문제될 게 없다. 나이는 내가 결정한다. 이렇게 결론을 내리고 나니 아주 마음이 가볍고 편안해졌다. 그때그때 기분에 따라 나이를 말하면 된다.

SUPER
AGER

CHAPTER 3

# 장수의 늪

# 나이를 먹으면
# 어떻게 되나?

'어느 노인정에서 죽겠지.'

'코에 영양 튜브를 꽂고 누워 천장을 바라보며 화장실도 혼자 못 가고 성무력증에 말라 있겠지.'

노인 이미지는 대체로 이렇게 부정적이다. 본인도 그렇게 생각하고 주변의 시선도 마찬가지다. 설령 현실이 그렇다 하더라도 우리 생각 자체가 부정적이면 불행히도 현실도 그렇게 된다. 노인은 스스로를 어떻게 생각하느냐에 따라 아주 달라진다. 건강하고 행복하다고 생각하면 정말 그렇게 되지만 반대로 부정적이고 불행하고 아프다고 생각하면 정말 그렇게 된다. 노인의 건강 상태나 행복과 만족하는 정도는 본인의 생각에 크게 좌우된다.

뇌 과학적으로 이런 현상을 '뇌의 가소성'이라 부른다. 뇌는 똑똑한 것 같지만 실은 참으로 바보 같다. 자신의 주관적 생각이 이렇게 엄청난 차이를 만든다. 잘 믿기지 않겠지만 이 문제에 관한 권위 있는 연구 보고서가 많다. 안 믿을 수 없다.

난 아직 젊고 활기차다……. 그렇게 생각할 수 있다면 얼마나 좋겠냐만 우리의 최후 10년은 현실적으로 무척 괴롭고 어렵다. 아프고 몸이 불편해 거동도 마음대로 안 되고 심지어 춥고 배고프다. 가족으로부터 그리고 사회로부터 버림받고, 혼자이다. 고독만큼 무서운 병도 없다. 정말 힘든 시기지만 우리는 모두 언젠가 이 힘든 고비를 지나야 한다. 춤추고 달리고 등산도 하고 즐겁게 지내는 모습을 상상해야 한다. 인생의 어느 단계에서도 성장하고 변화하며 창조적으로 될 가능성이 있다고 생각해야 한다.

지난 100년, 선진국 평균 수명이 30년 연장되었지만 많은 고령자는 만년에 건강하지도, 행복하지도 않다. 1세기 전, 미국의 성인은 평균적으로 인생에서 병든 기간이 1%밖에 안 되었는데 현재 그 기간은 10%를 넘어섰다.

오래 살게 되었지만, 심신의 쇠약과 만성병으로 괴로워하면서 죽기까지의 시간이 연장되는 수도 많다. 2025년 미국의 만성병 치료에 필요한 비용은 1조 달러를 초과한다. 현재도 65세 이상 노인의 절반이 두 가지 이상의 만성병을 앓고 있는 것으로 조사되었다.

마음 크게 먹고 플러스적인 사고를 해야 하는데 제일 무서운 것이 신체적 제한과 고통이다. 불행히도 건강 수명이 우리의 평균 수명을 받쳐주지 못하고 있다. 건강 수명이 평균 수명보다 무려

10년이나 짧다. 이 시기가 우리가 최후에 건너야 할 늪이며, 장수가 몰고 오는 불행의 늪이다. 난 그래서 이 시기를 '장수의 늪'으로 부르고 있다.

환갑이나 지내 먹고 일찌감치 세상을 하직했더라면 이런 비극은 없었을 텐데 그 역시 우리 마음대로 되는 일이 아니다. 사는 데까지 살아야 한다. 장수하면 이 시기를 각오해야 하며, 이를 잘 넘길 준비는 건강할 때부터 해놓아야 한다.

언제 이 어려운 시기가 내게 닥쳐올지 그것은 아무도 모른다. 가끔 병원의 젊은 의사가 앞으로 6개월이니 집에서 맛있는 것 먹고 정리를 잘하라는 선언을 한다. 이건 안된다. 의사의 교만이다. 언제 죽을지 신이 아니고는 아는 사람은 없다. 그러나 확실한 것은 죽음은 언젠가는 닥친다는 사실이다.

# 건강 수명과
# 평균 수명

"얼마나 오래 살고 싶은가?"

대중 강연을 할 때 청중에게 묻는다. 내 청중은 대체로 중년이 많다. 질문에 선뜻 대답이 안 나온다. 뒷자리 한 사람이 자신 없는 목소리로 등장한다.

"80세 정도 살면 선생님이 걱정하는 귀신같은 신령이 되진 않을 테니 그만하면 된 것 아닙니까?"

청중에게 그만큼만 살면 되겠느냐고 물으면 거의 3분의 1이 '그 정도면 된다' 하는 쪽에 응답한다. 성격에 따라 다르겠지만 대체로 80세 정도면 괜찮다는 생각인 것 같다. 내 질문이 이어진다.

"그러면 지금 80세를 넘어 산 사람은 어떻게 되지? 나도 90세인데."

가벼운 웃음이 인다. 그런데도 90, 100세까지 살겠다는 사람은 그리 많지 않다.

미국은 1967년에 고용 연령 차별 금지법이 제정되었다. 건강만 보장된다면 그리고 일자리만 있다면 더 오래 살고 싶다는 사람은 의외로 많다. 실제로 사람들도 오래 살다 죽으면 목숨을 잃는 걸 두려워하는 게 아니라 인간성을 잃는 것을 더 두려워하는 것 같다. 수명 연장은 반드시 건강해야 한다는 조건이 강력히 제기된다. 그리고 '빠르고', '고통 없이', '준비되었을 때'라고 부탁한다.

이 책을 출간하게 된 이유도 여기서 비롯된다. 평균 수명이 길어져 얻게 된 장수는 축복이지만, 의학적으로 볼 때 80대 후반 노인들의 건강 상태가 문제다. 지난 2000년 WHO에서 건강 수명의 개념을 정립하여 발표한 것도 장수는 전 세계적인 문제라는 데서 출발한다. '건강상 이유로 사회생활에 지장이 없는 상태가 건강한 상태이다.'

현재 한국인의 평균 수명은 83세지만 건강 수명은 그보다 훨씬 짧아서 여성의 경우 74세, 남성은 71세이다. 인생의 마지막 장의 평균 10년을 건강치 못한 상태로 살다가 임종을 맞아야 한다는 것이다. ([표5] 참고)

인생 최후의 10년을 참으로 의미 있고 화려하고 충실한 상태로 보내다가 죽음을 맞이해야 하는데 현실은 전혀 그렇지 못하다. 우리가 태어나는 것은 자신이 원해서가 아니다. 우리와 아무런 상의 없이, 운명처럼 태어난 것이다. 우리는 일생동안 참으로 힘든 나날을 살아왔다. 평균 수명만 늘어나고 이를 지원할 사회 체

**[표5] 평균 건강 수명**(단위:세)

| | 2000년 | 2005년 | 2010년 | 2015년 | 2019년 |
|---|---|---|---|---|---|
| 전체 | 67.4 | 69.9 | 70.9 | 72.0 | 73.1 |
| 남자 | 64.9 | 67.2 | 68.7 | 70.2 | 71.3 |
| 여자 | 69.7 | 72.2 | 72.9 | 73.7 | 74.7 |

출처: WHO(2020.12)

*건강 수명은 기대 수명에서 전체 인구의 평균 질병 및 장애 기간을 제외한 수명임

제는 준비가 덜 되어 있다. 초고령 사회가 되어가는 지금 노인 당사자는 경제적으로 가난하고 무엇보다 건강이 말이 아니다. 친한 친구도 세상을 떠나고 사회로부터, 심지어 가정으로부터 소외되어 참으로 힘든 나날을 보내야 한다. 초고령 사회가 빚어낸 새로운 심각한 사회적 문제다. 이 시기를 '장수의 늪'이라고 부르는 사연이 이해됐을 것이다. 오래 살다 보면 이 험악한 시기를, 그것도 인생의 마지막 10년을 힘겹게 건너지 않으면 안 된다.

의학적으로 볼 때 75세부터 본격적인 노화가 시작된다. 대체로 80대 후반이면 건강상 문제로 생활에 지장을 초래한다는 게 통념이다. 암이나 치매, 당뇨병과 고혈압 등 만성 생활습관병이 악화된다. 문제는 건강만이 아니다. 노인의 빈곤 문제, 사회적 연대의 약화, 가족 간의 유대감, 어디에도 의지할 곳이 없는 정신적인 고립감으로 인해 한마디로 비참한 생을 맞게 된다. 몸도 마음도 아프다. 이런 상태로 평균 10년을 지내야 한다는 이야기다. 인생 말

년에 누구도 이 길을 피해 갈 수 없는 운명의 길이다. 차라리 최후의 10년이 없으면……. 이런 심경이 노인의 자살로 이어진다. 누구도 최후의 10년을 견뎌내기 힘들다. 이 시기를 어떻게 지내느냐에 따라 평생 삶의 질이 결정된다.

결론적으로 늪에서 허우적거리는 노인이 되지 말자는 뜻이다. 그러기 위해선 평소에, 아니 생에 걸쳐 준비가 필요하다. 마음 단단히 먹고 준비해야 한다. 언제부터 준비해야 할까? 빠를수록 좋다. 대체로 50세가 되면 생활 습관병의 숨은 병소가 슬슬 고개를 치켜든다. 쉽게 생각하면 중년이 시작되는 40대부터 초고령 시대를 위한 준비를 시작해야 한다. 그러므로 이때부터 건강만이 아니라 은퇴 후의 계획, 제2의 직업 등 인생 전반을 치밀하게 계획해야 한다. 내가 이 책을 쓰게 된 배경이 이해되었으면 좋겠다. 서러운 노인이 되어선 안 된다. '안 해준다족'이 되어선, 원망만 늘어놓는 사람이 되어선 정말 안 된다. '자립, 자율, 책임' 이 세 박자가 두루 잘 갖추어져야 한다. 준비되어 있는가?

# 장수의 늪

개인차가 심하긴 하지만 늦어도 80세 후반에 마의 고비가 시작된다. 정말 괴롭고 힘든 시기다. 돈도 넉넉하지 않고 사회적 소외감도 들며 체력과 건강이 쇠약해진다. 이 모든 게 전혀 옛날 같지 않다. 치매, 암, 고혈압, 당뇨 등 만성 생활 습관병은 두 명 중 한 명 꼴로 찾아와 고생하게 된다. 설령 이런 질환이 아니라 해도 나이가 들면 무엇보다 다리가 불편해진다. 눈과 귀도 멀고 치아, 허리, 무릎 등 만만찮은 문제들이 찾아오는 나이다. 정신적으로도 위축될 수밖에 없다. 이런 문제들이 차츰 심각해져 사회 활동에 지장이 있을 정도가 되면 자립과 자율에 문제가 생긴다. 평균 수명에 의하면 아직 살날은 더 남은 것 같은데 건강 수명이 다한 것이다. 그만큼 살았으면 됐다. 그만 가도 된다는 하늘의 뜻이다.

문제는 정신적으로도 취약해져서 자립, 자율을 포기하고 누군가에게 의존하지 않으면 안 될 처지가 된다는 것이다. 사람에 따라선 완전 무력감, 무능감에 빠져 제 손으로는 아무것도 할 수 없다는 생각이 든다. 아주 무력하고 무능하며 생활 전반이 수동적인 의존 상태가 되어간다. 앞에서 이런 상태를 '장수의 늪'이라고 부르기로 했다. 오래 살다 보니 만나게 된 반갑잖은 손님이다. 언젠가는 거쳐야 할 이 시기에 늪에 빠져 허우적거리는 사람이 되어선 안 된다. 그땐 정말 서러운 노인이 된다. 그럴수록 삶의 지혜를 발휘해 건강한 장수를 누려야 한다.

침대에 누워 나 몰라라 하는 수동적인 자세가 되면 가족은 물론 보건소 직원의 마음도 멀어진다. 인생의 승부는 여기서 난다. 젊을 때 아무리 잘나간다고 으스대도 인생 최고의 연대를 성공적으로 졸업해야 한다. 그때 비로소 성공적인 인생을 충실하게 살았노라고 자부할 수 있다. 늪에 빠져 허우적거리느냐, 아니면 장애나 제한을 잘 파악해 슬기롭게 대처하느냐. 여기에서 최후의 승부가 난다는 말을 잊지 말길 바란다.

다행히도 75세 이상의 초고령자 중에서 도움이나 간호가 필요한 사람은 그리 많지 않다. 불편하고 아프고 힘들지만, 그럭저럭 사회 활동은 가능한 사람들이다. 현실을 직시하고 내가 할 수 있는 일은 찾아서라도 해야 한다. 잊지 마라. 노년에서 가장 중요한 키워드는 '액티브ACTIVE'다.

여기까지 쓰고 보니 마치 남의 일 같은 생각이 들 수도 있다. '난 아니다'라고 부인하고 싶은 것이 인간의 본성이다. 그러나 이것은 누구도 피할 수 있는 길이 아니다. 우리에게 주어진 운명의 길이다. 그래서 물어본다. 당신은 몇 살까지 살고 싶은가. 당신은 몇 살까지 살게 될 것 같은가. 여러 가지 요인들을 많이 생각해봐야 할 것이다. 대충 계산이 나왔다면 싫든 좋든 지금의 나 자신을 돌아보고 준비가 잘 되어가고 있는지 한번 생각해보길 바란다.

### 신인류, 아직 안 보이는가?

지금 우리나라는 65세 이상 인구가 17.5%로, 이미 고령 사회에 들어온 지 한참이나 되었다. 4년 후인 2026년이면 20%를 훨씬 뛰어넘음으로써 명실공히 초고령 사회가 된다.

이게 어떤 사회인지 우리는 아직 잘 모르고 있는 것 같다. 이건 한두 사람의 민간에서 문제를 제기하고 실패 연구에서 시책 방향에 이르기까지 구체적이고 광범위한 대책이 지금쯤은 나와 있어야 한다. 물론 정부 당국이나 관심 있는 기업에서 함께한다면 훨씬 종합적이고 실효성 있는 정책이 수립될 것이다. 그러나 우리는 아직 한창 뻗어나는 성장 사회의 이미지가 워낙 강해서인지 신인류 등장에 대한 대책이 없다.

우리는 아직 그런 연구 사례가 없으므로 이웃 일본의 실상을 들어 설명하겠다. 80대 후반이면 스스로 식사, 청소, 외출 등 일상생활을 할 수 있는 사람이 10%가 안 된다. 대부분 60대 초반부터 노쇠 현상이 현저해지며 70대에는 요양원 신세를 지게 된다. 이렇게 된 마당에 대책 수립은 늦다. 그러기 위해 우리도 선진국처럼 노인 문제를 종합적으로 대비하는 연구소나 기관을 설립하는 것이 시급하다. 이것은 단순히 의료 기관만의 참여만으로는 안 되고 의학은 물론 공학, 식품영양학, 법학, 사회학 등 여러 학과를 아우르는 종합 연구소가 정부 지도로 설립, 발전시켜야 한다. 그리고 여기에 기업들이 참여하여 고령자용 주택, 복지 시설, 교통수단, 로봇, AI의 적극 활용 등 다양한 고령 친화 산업 프로젝트를 동시에 추진, 진행해야 한다.

앞으로 설명하겠지만 참여 기업도 기업 측면에서 새로운 산업, 새로운 이윤 창출에도 큰 도움이 된다. 초고령 친화 산업이야말로 새로운 의료 산업으로서의 신천지를 여는 일이다. 좋은 시장이다.

# 인생 말년에

전체적으로 80세가 되면 둘 중 하나는 건강하지 못한 유병 환자가 된다. 여기서 굳이 질환별, 연도별 통계 수치를 늘어놓지 않더라도 그런 계산이 쉽게 나온다. 내가 이 험한 연대를 '장수의 늪'이라 부르는 이유는 건강뿐만이 아니다. 몸도 불편하고 아픈데 병원 갈 형편마저 안 된다. 이 나이가 되면 용돈을 아깝지 않게 쓸 형편이 안 된다. 베이비부머 세대는 국민연금 수령자가 반밖에 안 된다. 그나마도 겨우 명분뿐이다. 눈치를 안 보고 편히 따뜻한 방에서 자고 입에 맞는 건강식을 차려 먹을 수 있는 사람이라면 참 축복받은 사람이다. 그런 사람이 몇이나 될까.

또한 중요한 것이 유대 관계다. 진심으로 아끼고 사랑하는 가족과 함께라면 참 성공한 인생이다. 그리고 전화 없이 덜컥 찾아갈 수 있는 친구가 최소 셋은 되어야 한다. 사회적 유대 관계까지 연을 넓혀야 사는 재미, 사는 보람을 가질 수 있다. 고령이 되면 이

세 가지는 기본적으로 갖추어야 한다. 3K[경제, 건강, 관계(가족)] 세 박자가 두루 갖춰져야 한다. 이 중 어느 하나가 부족해도 참 힘든 최후를 맞이하게 된다.

어쩌다 이런 딱한 사연을 듣노라면 이런 생각이 든다.

'살 만큼 살았다는 신호가 아닌가.'

천수天壽라는 개념은 확실히 모르지만 중고차처럼 여기저기 잔고장이나 타기가 불편하다면 그만큼 살았으면 됐다는 신호가 아닐까 하는 생각이 든다. 옛날처럼 환갑을 지내고 좀 얼쩡거리다 보면 70대로 접어든다. 그쯤 되면 몸에 잔고장도 나고 때로는 큰 병을 앓아야 하는 경우도 있다.

이 좋은 세상을 두고 일찍 가라니 무슨 그리 해괴한 말을 하느냐고 꾸중을 듣기도 했다. 지난번에는 백신 주사를 맞으라고 하기에 젊은이부터 주고 남는 게 있거든 그때 맞겠다고 했다. 백신이 모자란다고 난리인데 젊은 사람부터 맞고 활동을 해야지, 왜 이런 늙은이부터 맞으라고 할까. 그랬더니 우리 연구원들이 나부터 맞아야 한다고 아연실색을 했다. 온갖 사람 만나고 온갖 곳을 돌아다니는 나부터 맞아야 한다는 통에 1차 예방은 한 셈이다. 이제 부스터까지 맞았다. 고맙다.

힘든 10년. 그래도 어쩌랴, 그게 우리 운명인데. 어떻게든 그 힘든 늪에 빠져 허우적거리지 말고 슬기롭게 잘 건너야 한다. 그게 장수하게 된 값이다. 어쨌든 이 늪을 건강하고 수월하게 건너야 한다. 환갑이나 치르고 갔더라면 이 고생은 안 해도 되는 것 아닌가.

## 아픈 건 안 돼

병을 치료하기 위해선 아픈 것도 참고 견뎌야 한다? 의사도 환자도 그런 생각인데 나는 반대다. 인간적 배려가 결여된 의료에 무슨 의미가 있을까. 병을 고치는 것이 아니라 인간을 치료하는 것이다. 통증은 정신과 영혼까지 영향을 미친다. 고뇌로부터 위대한 예술이 탄생한다.

그러나 고뇌와 고통은 다르다. 말기 암 환자를 위문하러 가서 무슨 말을 해야 할까? 힘내라, 용기를 내. 하지만 환자는 알고 있다. 그럴 힘이 없다는 것을. 그리고 이게 마지막이라는 것을. 거기다 대고 힘내라니? 그럴 여력도, 시간도 없다. 아무 말 말고 그의 손을 잡고 눈을 마주치는 것. 볼 간看이라는 한자를 생각하라. 손 수手 밑에 눈 목目 자다. 아픈 데에 함께 손을 얹어 고통을 나누는 것이 위로다.

병으로 인한 아픔은 정말 견디기 힘들다. 병원 중환자실에서 괴로워하는 환자들을 보노라면 정말 힘들겠다는 상상만 할 뿐이지 직접 앓아보지 않고선 실제로 얼마나 힘들까 우리가 실감하긴 어렵다. 난 투병이라는 말이 마음에 안 든다. 병과 싸울 순 없다. 나은 것처럼 보이지만 늙는 것이나 병에는 승리란 없다. 장수는 부자연스러운 것이다. 연명이 무슨 의미가 있을까? 동물은 자신의 평균 수명대로 살다 죽는다. 인간만이 원래 수명의 몇 배로 산다. 눈도 멀고 귀도 멀고 이도 빠지지만, 목숨은 여전히 연명하며 살고 있다. 그만큼 살았으면 됐다는 뜻인데도.

무슨 병이든 앓고 잘 낫지 않으면 죽음을 향하고 있다는 뜻이다. 슬프고 잔혹한 일이다. 그러나 누구에게도 생애 한 번은 찾아오는 공평한 운명이기도 하다. 그럴 때 인간은 비로소 처음으로 알게 된다. 내 발로 걷는다는 것이 얼마나 대단한 일이었던가. 시원하게 배설할 수 있다는 것도 얼마나 대단한 일이었던가. 머리가 아직 잘 돌아가 가벼운 철학적 사색을 할 수 있다는 것은 행운 중 행운이다.

이런 일들은 중년 이전엔 생각도 못한 일이다. 전체적으로 볼 때 체력은 하강하지만, 정신의 선은 상승한다. 그 선은 어디선가 부딪친다. 그 교차점을 보는 곳이 중년 이후다. 젊을 때는 돈만 있으면 안 되는 일이 없지만, 중년 이후엔 돈이 다가 아니라는 인생의 본질을 보게 된다. 이런 생각이 든다는 것은 축복이다. 그만큼 성숙했다는 증거다.

## 미국의 부촌
## 선 시티Sun City

미국 애리조나 사막 한복판에 백만장자를 위한 마을이 들어서 있다. '노인들이 차별받지 않고 우리끼리 모여 잘 살자, 여기엔 아무도 늙은이가 없다.' 백만장자끼리 공동체를 일구어 살고 있다. 55세 이하 사람들은 입주가 허락되지 않기에 젊음이 존재하지 않고 따라서 상대적으로 고령자도 없다. 노인들끼리 황금기를 즐기자, 이런 기치 아래 얼마 전 견본 주택 여섯 채를 지어 공개했는데 구경꾼이 하도 몰려와 사막 하이웨이가 폐쇄될 지경이 되었다. 나도 얼마 전 견학을 갔었는데 단지 내 속도 제한이 15마일이다. 차가 질주하면 노인들이 산책하다가 놀랄까 봐 그렇다. 그곳은 병원 시설이며 모든 게 완벽하다.

이들 중 상당수는 은퇴를 했지만 아직 일을 하고 있는 사람들이 10%를 넘는다. 그런데 얼마 전 여기서 끔찍한 보고서가 나왔다. 여기 거주자들의 치매 발병률이 도시인보다 훨씬 높다는 것이다.

미국 사회가 깜짝 놀랐다. 아니 어떻게 그 지상 낙원에? 연구원들의 보고에 의하면 삼무三無가 문제라는 것이다. ①스트레스가 없고 ②걱정이 없고 ③변화가 없다. 이 보고서를 읽는 도시인의 반응이 궁금하다. 인간은 적정한 수준에서 스트레스도 받고 때로는 걱정도 하고 변화가 있어야 새로운 자극이 되어 뇌가 활성화된다.

무균 상태의 어항엔 고기가 살 수 없다. 사는 이상 스트레스는 불가피하다. 반갑지 않은 손님이라도 잘 맞이하고 얼마간 제풀에 꺾여 물러갈 때까지 싸우지 말고 차분히 기다려야 한다. 그리고 우리에게 적당한 일감이 있어야 한다. 단절된 생활보다 사회와 연계된 삶이 자연스럽다. 남은 시간 소중한 사람들과 가장 소중한 일(봉사적인 활동)을 하며 살 수 있어야 한다. 노년은 죽을 준비를 하는 시기가 아니고 재창조, 재조정의 시간이다. 역동적인 삶이어야 한다.

# 끈질긴 생명력

하늘을 원망할 수밖에 없다. 지난 생을 돌이켜보니 그런 생각이 더더욱 절실하다. 선배나 동료들이 중환자실에 입원한다. 병문안을 가도 무슨 말을 해야 할지 입이 열리지 않는다. 조용히 손을 잡고 한참을 지켜보다가 물러난다. 그렇게 몇 달, 몇 년을 지내는 사람도 있다. 병세가 좀 나았다가 더하다가 병원을 몇 차례 오간 지가 한참, 그사이 많이 좋아져 함께 점심도 먹곤 한다. 그렇게 총명하고 유머러스한 친구가 좋아하던 골프는커녕 외출도 마음대로 못 한다. 하지만 이만큼이나 회복된 것을 감사히 여긴다. 그는 와병 기간 동안 산에 갔다. 산골 화전민처럼 집 한 칸을 수리해 살며 나물 먹고 물 마시고 아무 욕심 없이 대자연의 섭리에 따라 살다 보니 건강이 상당히 회복되었다. 그러나 지금도 잘 못 먹으면 숨이 가쁘고 위장이 아프다. 이 친구야말로 전형적인 장수의 늪에 빠진 친구다. 그래도 워낙 슬기롭고 사는 여유가 있는 친구라 늪에 빠져 허우적대는 일은 없을 것 같다.

같은 운명의 길이라고 누구에게나 같지는 않다. 슬기를 다해 운명의 늪을 수월하게 건너야 한다. 해서 난 이 친구를 진정 존경한다. 이 친구의 놀라운 점은 끈질긴 생명력이다. 중환자실에 있을 적엔 '멀지 않았구나' 하는 생각을 했는데 퇴원 후 생활을 지켜보니 정말 놀랍다.

그는 지금도 자신이 직접 만들고 운영하는 장학 재단에도 나가는 액티브 시니어Active Senior다. 그리고 언제나 밝은 얼굴이다. 이것은 정말 놀라운 일이다. 그 형편에 어떻게 그런 웃음이 가능할까. 그는 모임에 나와도 이젠 상석이 아니고, 저 말석에 앉아 조용하다. 조용히 전쟁과 같은 인생 무대에서 퇴장하는 병사와 같다. 하지만 그는 지금도 베푸는 쪽에 선다. '안 해준다 족'과는 거리가 멀다. 그게 힘든 나날들을 이기고 오늘의 건강을 되찾을 수 있는 힘이 된 것 같다.

# 나이를 먹는다는 굴욕감

한참 된 이야기다. 2005년 미국의 유명한 작가 헌터 톰슨이 자살했다. 그는 그때도 유명 작가로 이름을 날렸으며 32세 젊은 부인의 사랑을 듬뿍 받고 살아온 참 행복한 사람이었다. 68세, 불치병에 걸린 것도 아니다. 그래야 할 아무런 이유도 없었다. 그를 더욱 유명하게 만든 것은 그가 한 자살의 변이었다.

'나이를 먹는다는 굴욕을 받아들이지 못해…….'

젊은이가 들으면 웃기는 이야기겠지만 나이 든 사람에겐 한편으로 수긍이 가는 면도 없지 않다. 그는 유능한 젊은 작가 시절엔 어딜 가나 스타였다. 박수에 악수 행렬, 사인 공세, 인터뷰 요청에 언제나 모임의 중심이었다. 하지만 차츰 그 영광의 자리에서 물러나게 되는 자신을 의식하기 시작하면서 작가의 여린 감성에 상처가 나기 시작한다.

현대 사회의 고령자에 대한 선입관은 대체로 부정적이다. 노쇠

하고 완고하고 비생산적이며 권위적이고 쓸모없는 옛날이야기나 늘어놓는다. 이런 생각이 들면 변두리로 밀려난 자신의 신세가 서글프다. 나이가 들었다는 이유 하나로 그런 위험한 고정관념에 쫓기게 되면 견디기 힘들다. 예일대학교 배키 레비 박사도 사회적으로 부정적인 평가는 노인의 건강에 치명적이라고 경고한 바 있다. 모임에 가도 말석으로 밀려난다. 정말 자존심 상하는 일이다. 매스컴에 나오는 스타도 모두 젊은이다. 무슨 모임이든 이젠 주연이 아니고 변두리 조연이다. 인기에 좌우되는 작가의 직업상 이런 굴욕을 감당하기란 쉽지 않을 것이다. 하긴, 이런 편견을 각오하고 소화해낼 수 있어야 나잇값을 하는 것인데 작가의 민감한 감성으로는 이를 받아들이고 소화해낼 여유가 없었을 것이다.

노인을 싫어하는 혐노사회에선 특히 소외되기 쉬운 게 소위 꼰대들이다. 쓸데없는 고집을 부리고 어떤 모임에서든지 한 번 이야기를 시작하면 끝이 없다. 거기에 살짝 치매기가 발동하면 회의 진행이 안 된다. 공해다. 어떤 모임에선 우리끼리 먼저 회의를 다 마치고 문제의 꼰대가 나타나길 기다려야 하는 모임도 있다. 그의 장광설은 정말 견디기 힘들지만, 그래도 잘 들어보면 한 마디 한 마디 후배들이 꼭 새겨들어야 하는 중요한 메시지도 담겨 있다. 이 점에서 횡설수설과는 다르다. 그래서 더욱 난처하다.

# 이것도 사는 건가

그의 일생은 화려했다. 국비 장학생으로 미국 유학 후 귀국하여 서울의 명문 대학교 교수로 이름을 날렸다. 연구 논문도 많이 쓰고 학생들에게 가장 인기 있는 교수로 뽑히기도 했다. 현직이 끝나고 석좌 교수로 국내외 초청 강연을 하며 정말 빡빡한 일정을 소화했다. 은퇴하고 나니 원고 청탁 등으로 더 바빠졌다.

처음엔 주변 사람들의 이름이 깜빡깜빡 생각나지 않기도 했다. 피곤해서 그러려니 하고 가볍게 넘겼다. 나이가 들면 누구나 그럴 수 있지, 대수롭지 않게 생각했다. 그런데 어느 날 학회가 끝나고 돌아오는 길, 아끼던 제자로부터 충격적인 충고를 받는다.

"교수님, 좀 쉬셔야겠습니다. 모든 공적인 활동을 그만두시고 저 산속에 별장을 마련했으니 거기서 푹 쉬도록 하세요."

"응? 왜 그래? 내가 늙어 무슨 헛소리라도 했느냐?"

"아닙니다. 너무 말이 많아지셨습니다. 교수님은 대체로 과묵

한 편이신데 요즘 회의에 나오시면 다른 사람이 한 마디도 못 하게 처음부터 끝까지 이야기를 그치지 않으세요. 그러다 보니 했던 말씀 또 하시고……. 회의나 담론이 진행되지 않습니다."

"그래? 다음부터 조심하지."

하지만 교수는 안 나가도 될 모임에도 나가 쓸데없는 소리를 했다. 그 탓에 잘 모르는 사람들은 교수에게 말이 많다고 직접적인 공격을 하거나 때로는 언쟁으로 번지기도 했다. 결국 회의에서 제명 처분을 당하는 등 교수의 자존심은 땅에 떨어졌다. 나중엔 누가 들어도 횡설수설, 산으로 갈 것이 아니라 요양 병원으로 가야 할 지경이 되었다.

겨우 설득해서 진료를 받고 보니 인지증이 상당히 진행된 상태였다. 그는 아연실색하여 입원을 거절하고 집으로 왔다. 그러나 증세는 악화하여 사람을 못 알아볼 정도가 되었다. 얼핏 들으면 횡설수설 같지만 때로는 아주 맑은 정신으로 자신의 학문적 견해를 펼쳐내기도 했다. 그럴 때는 옛날 교수 생활 전성기를 떠올리게 했다.

그러나 그것은 오래가지 않고 다시 횡설수설이 시작되었다. 또한 평소 하지 않던 담배와 술을 과할 정도로 했다. 옆에서 지켜보자니 술에 취해서인지 아니면 인지증 증상 때문인지 구별이 되지 않았다. 그럴 땐 입버릇처럼 내뱉는 말이 있었다.

"이것도 사는 건가?"

그리고 얼마 지나지 않은 겨울날 아침, 그는 냉방에서 싸늘한 시체로 발견되었다.

가족들 전언에 의하면 며칠째 식음을 전폐하고 말문도 닫고 정신을 차려야겠다면서 한겨울에 냉방으로 지내야겠다고 고집을 부렸다고 한다. 누구도 그의 고집을 꺾지 못했다. 가족들은 계속 문을 열고 그의 상태를 확인했다. 눈을 조용히 감은 채 명상을 하는 자세로 지냈다. 평소와는 다른 모습이라 가족들도 걱정하여 병원으로 모시고 가려 해도 단호히 거절했다.

교수가 자살했다는 확증은 없다. 하지만 모든 정황을 보니 자살과 전혀 다르지 않다. 그에게 지난 몇 해는 참 괴롭고 힘든 나날이었다. 무엇보다 자존심의 손상이 가장 심각한 상처였다. 대학자로서 상한 자존심이 그의 최후를 불러온 것이 틀림없다.

# 자살도 쉽지 않다

어느 고등학교 동창회 총무한테서 들은 이야기다. 이 고등학교 동기들이 동대문 상가 근처에 사랑방을 마련했다. 은퇴한 친구들이 찾아와 바둑도 두고 잡담도 하고, 이들에게 참 포근하고 정겨운 곳이다. 가끔 아직 현역으로 일하는 친구들이 찾아와 설렁탕에 소주 한잔을 사면 한껏 분위기가 달아오른다.

사랑방에서 인기 있는 프로그램은 바둑이다. 그런데 그중 한 친구는 바둑을 좋아하는데 직접 두진 않는다. 바둑 한판을 두려면 돈이 제법 든다. 바둑이야 공짜지만 커피 한 잔이라도 내기해야 한다. 둘러앉는 훈수꾼까지 다 사려면 제법 큰돈이다. 그래서 바둑 내기에 선뜻 나서기가 쉽지 않았다. 이 친구도 그중 한 친구다. 학창 시절에는 부잣집 아이였다. 옷도 깨끗하고 서울의 명문 대학교를 나와 대기업에 취업했다. 잘나가는 친구 중 하나였다. 장가도 잘 갔다. 처가도 만만찮은 집안이다. 자식 남매도 잘 자라 미국 유학을 떠났다. 부인도 함께 따라가 아이들 뒷바라지를 했다. 졸지에 친구는 기러기 아빠가 되었다. 여기까지는 참 순풍에 돛을 단 배처럼 물 흐르듯 잘나가는 친구였다. 그러나 하늘의 질투인지 미국에 간 가족들이 교통사고를 당했다.

모녀는 죽고 아들은 혼수상태로 겨우 목숨만 건졌다. 그래도 몸을 회복하고 학업을 마쳐 귀국했다. 하지만 악운이 계속 겹쳤다. 다니던 위태위태하던 대기업 회사가 문을 닫게 되면서 이 친구는 퇴직금도 챙기지 못한 채 맨손으로 쫓겨나야 했다. 고맙게도 아들이 출중해 결혼도 하고 예쁜 며느리를 맞았지만 젊은 나이에 재취업이 안 돼 말 그대로 백수가 되었다. 사랑방이 유일한 낙이었다. 벌이도, 연금도 없는 가난뱅이였다.

집을 나올 때 그는 천 원짜리 한 장 챙겨 나온다. 그게 그날 자신의 용돈이다. 바둑을 둘 형편이 안 된다. 뒷전에 앉아 훈수나 두고 내기에 진 녀석이 사는 커피나 얻어 마시는 게 이 친구의 일과다. 점심은? 가까운 곳에 적십자 부인회에서 주는 가락국수를 먹는다. 그곳에도 긴 줄이 늘어서 있다. 처음엔 줄 서기가 창피하기도 했지만, 동료들 몇 명이 함께 가니 그런 생각도 이젠 들지 않고 이젠 일과처럼 되었다.

화려했던 과거가 하루아침에 닥친 가족의 비극과 함께 참으로 비참한 나락에 떨어졌음에도, 그가 자살하지 않고 잘 견뎌준 것이 고맙다. 자살은커녕 우울증에 시달리는 것 같지도 않다. 나는 정신과 의사로서 저 친구가 고통의 현장에서 무엇을 힘으로 삼았을까 생각했다. 그건 관계의 힘이었다. 그에겐 좋은 동창 친구가 있었고 사랑방에서 소일거리를 찾을 수도 있었다. 요즈음은 좋은 인간관계가 우리 정서 생활에 무엇보다 소중하다는 학자들이 많다. 이 친구는 다 잃어도 좋은 동창 친구가 있었다는 게 구원이었다.

한때 EQ가 화제였다. 대인관계나 감정조절에 중점을 둔 지능이다. 젊을 때 비하면 IQ는 떨어져도 EQ는 올라간다는 게 정설이었다. 요약해보면

① 자기감정을 정확히 안다

② 자기감정을 조절할 수 있다

③ 낙관적인 사고를 한다

④ 상대의 감정을 안다

⑤ 사고 능력이 건재하다

이 친구는 이 중요한 능력을 잘 유지하고 있다는 게 내 관찰이다.

## 가정이 무너진다

요양 병원에 어머님을 모셔놓고 집에 오는 길, 남매는 말이 없었다. 차에 앉은 오빠가 운전할 생각도 안 하고 우두커니 먼 산만 바라보고 있다. 여동생은 울다 지쳐 바로 앉지도 못했다. 얼마나 지났을까. 오빠가 결심한 듯 선언한다. 엄마를 모시고 오자. 다시 병원에 들어가 퇴원을 시키겠다고 이야길 하니 직원들이 깜짝 놀란다. 어머니는 너무 소동을 피운 탓에 환자의 안전을 위해 침대에 가벼운 구속구를 채워놨다. 그것을 보고 있자니 남매의 눈에 왈칵 눈물이 쏟아졌다. 안 돼! 모시고 가겠다는 의지가 더욱 굳어졌다. 말리는 직원들을 뒤로한 채 퇴원 수속을 밟고 어머니를 모시고 돌아왔다. 그러고는 삼 남매 가족의 아이들과 함께 다 모였다. 총 11명이었다. 그들은 방문 간호사까지 각자가 낼 수 있는 시간을 할애해서 엄마와 함께 지내도록 당번을 정했다.

처음 얼마간은 순서대로 잘 돌아갔다. 시간이 지나자 환자의 증세가 점점 심해져서 혼자 감당하기가 힘들어졌다. 그리고 당번 순서를 어기는 등 어머니가 혼자 집에 계시면서 자칫 화재 사건이 일어날 뻔했다. 가족의 힘만으로 간병하기에 너무 힘들었다. 가족 전체가 초주검이 되었다. 직장, 학교에 소홀하게 되고 모두의 사회생활에도 지장이 컸다. 결단을 내려야 할 시점이 온 것 같다. 어느 날 성질 급한 조카 녀석이 당번을 서는데 할머니가 말을 안 듣자 말리느라 구타까지 해버렸다. 집안에 분란이 커지자 이웃에서도 항의가 들어왔다. 결국 어머니를 다시 요양 병원으로 모시고 갔다. 그간 증상이 더 악화한 상태라 중증 감시 병실로 입원했다.

요즘은 사업도 잘되지 않아 미국 유학을 간 아이의 학비 조달에 문제가 생기기 시작했고 어머니의 장수와 건강에 심각한 회의가 들었다. 요양 병원에 입원을 시켜놓고 나니 당장 온 집안이 조용해졌다. 문제는 요양 병원 입원비가 만만치 않다는 것이다. 동생들이 거들긴 했지만 그래도 모든 문제는 장남의 몫이었다. 어머니가 깔아놓은 장수의 늪이 너무 넓고 심각했다. 의좋고 잘나가는 삼 남매 사이까지 문제가 생기고 이젠 공공연히 어머니에 대한 원망이 나오기도 한다. 이러다간 우리 가족 전체를 넘어 사업까지 문제가 생길 지경이었다.

생각이 이렇게 미치니 어머니의 장수가 원망스럽기도 하다. 그런 생각이 떠오르면 다음엔 무슨 벼락 맞을 소리를 하는지 죄책감이 든다. 어머니의 병문안을 마치고 돌아오며 주차장 구석에 차를 세우고 실컷 울었다. 자기답지 않게 엉엉 소리 내 울었다.

"우환 10년에 효자 없다더니!"

그렇게 자신을 달래고 그날은 못 마시는 술에 취했다. 맏이로서의 막중한 책임을 느끼면서도 한계를 느끼지 않을 수 없었다. 가족 전체의 안녕과 균형을 책임져야 하는 게 맏이의 도리다. 그리고 병석의 엄마에 대한 일차적인 책임은 자기에게 있다. 모든 게 한계에 다다른 것 같다.

그는 이 시점에서 효는 무엇이며 형제의 우의란 어디까지냐를 심각히 고민하기 시작했다. 그가 내린 결론은 '자기 능력으로 할 수 있는 데까지만 하자, 그리고 더 이상 잘해드릴 수 없다는 데 대해 죄책감을 갖지 말자'였다.

술이 깨고 차츰 마음이 가벼워졌다.

# 마무리를 잘해야

천재지변도 예측이 불가하다. 당장 출근길에 교통사고가 나 입원을 할 일이 생길지도 모른다. 준비가 잘 안 되었다고 누구를 나무랄 수 없다. 그러나 80대 후반이 되면 반드시 찾아오는 두 가지가 있다. 완전한 은퇴와 죽음이다. 이것만은 아무리 유능한 사람이라도 별수 없다. 모든 사람에게 공평하게 언젠가 한 번씩 온다.

어느 작가의 말이 기억난다.

'인생에서 딱 한 번밖에 없는 것이 죽음이다. 고로 한 번의 죽음이니 잘 죽어야 한다.'

정년은 자영업에도 온다. 우리 동기생들은 대체로 75세부터 노년이 되는 것 같다. 개인차는 있겠지만 대개 이쯤이 고비인 것 같다. 운영하던 병원 문도 완전히 닫는다. 정년과 죽음, 이것은 누구에게나 온다. 비참한 생각을 하거나 가혹하다, 불운이다, 그런 타령을 할 것이 아니다. 스포츠 선수는 훨씬 젊은 나이에 정년을 맞이한다.

문제는 이것을 알면서도 대비하지 않는 사람이 적지 않다는 것이다. 75세가 생산력의 고비다. 이제 인생 100세를 준비해야 한다. 최후의 10년은 90대가 될지 100세를 넘어 올지 모르지만 언젠가는 온다. 그 준비는 75세, 늦어도 85세가 기한이다. 그때까지 마감해야 한다. 어떤 일이 있든 가족을 비롯해 남에게 부담을 주는 일이 있어선 안 된다. 이게 철칙이다. 자기 앞가림은 끝내놓고 최후의 10년을 맞아야 한다. 가장 큰 문제가 건강이다. 우리 동기들을 보노라니 걸음걸이가 불편한 친구들이 제일 많다.

인간의 장년기 특징은 쉴 줄 모른다는 것이다. 특히 한국인은 그게 오랜 역사를 통해 체질화된 것 같다. 자기 체력이 무한대인 줄 알고 있다. 무리하지 말라는 충고를 받아들이는 사람을 본 적이 없다. 미련스레 밀고 나간다. 그러다 어느 날 당뇨, 고혈압 등이 찾아온다. 그제야 깜짝 놀라 병원에 약을 타러 간다. 하지만 이젠 약이 아니라 생활 습관을 돌아봐야 한다.

이 나이에 챙겨야 할 것은 건강만이 아니다. 누구에게도 폐를 끼쳐선 안 된다는 원칙을 지키려면 경제적 자립도 필수다. 그리고 소셜 네트워킹, 즉 가족과는 물론이고 친구나 사회단체에도 말석이나마 앉아 자기가 해야 할 최소한의 역할을 할 수 있어야 한다.

여기서 한 가지, 영감 냄새가 나면 안 된다. 냄새에 관한 것은 본인은 모른다. 그러나 주변 사람들에겐 정말 고약한 냄새다. 메스껍고 토할 것 같기도 하다. 입 냄새도 그렇고 온몸에서 풍기는 악취가 사람을 쫓아낸다. 그리고 의복, 좋은 옷을 입으란 소리가 아니다. 깨끗이 손질한 옷을 입어야 한다. 한마디로 냄새 관리를 잘해야 한다.

SUPER
AGER

CHAPTER 4

# 성숙한 하산下山의 기술

## 늙는다는 것

오래 살다 보면 피할 수 없는 운명의 길이 우리를 기다리고 있다. 바로 '노화'다. 반갑지 않은 손님이지만 우리는 대문을 열어놓고 기다릴 수밖에 없다. 환영은 아니어도 쫓아낼 순 없다. 그런데도 사람들은 이를 쫓아내려고 안간힘을 쓴다.

옛날엔 항노화라는 말이 없었다. 항노화는 늙는다는 사실을 부정하는 싸움이다. 태어나 사노라면 어느 순간부터 늙음이라는 괴물이 슬금슬금 찾아온다. 일찍 또는 늦게 오는 차이는 있지만 장수를 하는 이상 노화의 길은 운명의 길이다. 늙으면 안 된다는 욕망, 의학의 발전이 여기에 불을 지른다. 나이가 들면 늙는 것은 참으로 자연스러운 현상이다. 누구도 거절한다고 될 일이 아니다. 항노화라는 생각 자체가 참으로 부자연스럽다. 대우주의 순환 원리에 거역하는 가당찮은 일이다.

항抗노화가 아니고 순順노화여야 한다. 사람들은 장수를 원하면서 늙음은 거부한다. 세상에 이런 모순이 있을까. 장수는 곧 노화다. 이 사실을 인정하고 받아들여야 한다. 그러다 병이 걸리면 삶에 여러 가지 불편이나 문제를 일으킨다.

평소에 지병이라도 있다면 그것만으로 힘든 삶이다. 큰 질환까지는 아니라도 노화에는 잔잔한 문제들이 생긴다. 무척 불편하다. 건강만인가, 경제적으로 사회적으로 모든 것이 위축되고 제한을 받는다. 특히 생의 마지막 10년에 건강 수명이 다 되어간다는 것은 인생 최후를 고하고 있다는 것이다. 어느 하나 편한 구석이 없다. 독자들도 내가 이 시기를 장수의 늪이라 명명한 것이 지금쯤 이해가 되었으리라.

개인에 따라 늪의 깊이에 차이는 있다. 또 짧고 긴 차이도 있을 것이다. 전혀 없는 행운아도 있겠지만 이런 행운아가 되려면 나의 죽음이 남은 사람들에게 갈등을 줄 여지를 남겨선 안 된다. 초상집에 칼부림 나는 꼴이 되어선 안 된다. 유산 전쟁은 미리 여지를 없애야 한다는 얘기다. 생전에 거들떠보지 않던 자식들이 임종이 가까워지면 전국의 '효자'가 다 모여든다. 이런 자식들에게 다툼의 불씨를 제공해선 안 된다. 깔끔한 마무리를 부탁하는 것은 그래서다. 한마디로 유언서 작성은 필수다.

마무리를 잘해놨다면 자다가 생을 마쳐도 축복이다. 인생 최후에 찾아오는 이 마의 고비를 슬기롭게 마감해야 한다. 좀 수월하게, 짧게, 그러나 충실한 생이 되도록 슬기를 다해야 한다.

# 성숙한 하산의 문화

인생 여정은 등산과 같다. 젊은 시절엔 위를 향해, 앞으로, 높이, 멀리 올라야 하는 등산 코스다. 숨도 차고 힘도 든다. 이윽고 산 정상에 오르면 그제야 발아래 경치도 바라보고 땀을 훔치며 무사히 등정에 성공한 감동이 밀려온다. 하지만 그도 잠시, 이젠 내려가야 한다. 인생 여정으로 치면 딱 반이다.

그때가 몇 살일까. 사람에 따라서 다를 것이다. 요즘은 인생 100년이라 딱 반으로 잘라 50세 전후가 나의 전성기일 수 있다. 그러나 요즈음은 50이 아니라 60으로 계산해야 한다. 회사에서도 슬슬 은퇴 준비를 해야 한다. 가속 페달만 밟을 게 아니고 감속 브레이크가 있다는 것도 잊어선 안 된다. 산 정상에 오르면 우리는 자칫 이것이 산행의 최종 목적인 양 오해하기 쉽다. 하지만 지금부터는 하산下山의 길, 더욱 조심해야 한다.

올라가는 것만이 산행은 아니다. 위험은 하산길에 도사리고 있다. 사고도 이때 잘 일어난다. 물론 오를 때보다는 수월하다. 발 아래 꽃도 눈에 들어온다. 고개를 들어 멀리 전경을 바라볼 여유도 생긴다. 아름답고 우아한 하산을 준비해야 한다. 너무 서두르지 말자. 브레이크가 있다는 것도 잊지 말자. 일류 운동선수도 자신의 최고 기록이 나오면 그때부터 내리막길이다.

모든 것이 감속의 시대다. 사회적으로는 정치, 경제의 가속 시대에서 종교, 문화의 시대가 전면으로 나타나는 시기다. 우리는 이것을 온몸으로 느낀다. 거대한 물결이 우리를 감싸고 밀려온다. 시대적 흐름, 혹은 운명의 흐름일지도 모른다. 우리는 거기에 따라 큰 강의 물 한 방울처럼 흐름에 몸을 맡긴 채 유유히, 이윽고 큰 바다로 흘러들어 간다. 이것이 등산의 과정이다. 산은 올랐으면 내려가야 하는 것이 자연의 순리다. 성공적인 산행은 오른 후 내려오는 것이 끝날 때 비로소 완성된다. 그런데도 사람들은 하산을 부정적으로 생각하는 경향이 있다.

하산, 하강, 하향, 하류, 하야, 아래로……. 아래는 플러스보다 마이너스 이미지가 강하다. 물러나는 패배자 인생이라고 생각한다. 하지만 하산을 잘해야 한다. 말이 이상하지만 하산 선진국을 잘 살펴볼 필요가 있다. 이집트, 그리스, 로마, 포르투갈 등의 나라가 번창할 때는 전쟁과 약탈로 국세가 팽창했다. 그러나 진정한 문화나 문명은 정점을 찍고 하산할 즈음에 아름답게 피어난다. 세계 최강이라는 자만심에 빠져 여자와 술, 목욕 문화가 발달하면 국세는 약해지기 시작한다. 아이러니하게 등정이 끝나고 내리막길에 들어설 때 아름다운 문화가 피어난다.

우리는 아직 정상이 아니다. 성장, 성숙의 시기에 접어들었다. 세계사의 흐름을 잘 살피면서 건전하고 성숙한 문화를 창조해야 할 시점이다. 하이컬처는 인생 최후의, 최고의 문화란 뜻이고 여기가 그 산실이다.

# 화려하고 기품 있는 고령화

어느 문화권이든 나이가 들면 '늙는다'라는 것은 정해진 과정이다. 그러나 늙는다는 사실을 보는 시각은 문화권마다 상당히 다르다. 미국에는 국립노화연구소가 있다. 소장인 바틀러 박사는 노인 차별도 어떤 차별과 다르지 않다고 말한다. 차별, 소외로 노인을 고독하게 만들면 담배보다 빨리 사람을 죽인다고 경고한다.

UN 경제 사회국 인구부의 발표에 의하면 현재 세계 인구 64억 명 중 10%는 60세 이상이지만 2050년이면 100억 인구의 20%인 20억 인구가 60대 이상일 것으로 추정한다. 통계 조사가 정확한 미국의 경우 85세 이상의 미국인 절반은 인지장애를 앓게 된다고 한다. 21세기에 미국인은 아이를 돌보는 일보다 부모를 돌보는 일이 더 많아질 것이라고 예상했다. 2040년엔 550만 명이 노인을 위한 시설에 살고, 재택 간호 서비스를 받는 사람이 1,200만 명을 넘을 것이라고 보았다.

현대 의약품은 수명 연장에 유효하지만 건강하게 나이를 먹는 것에는 큰 효과가 없다. 이러한 추세를 볼 때 한국의 10년 후를 생각하면 참 암담하다. 10년 후가 아니라 지금 당장이 문제다. 다만 이것이 사회적으로 큰 이슈가 되거나 당장 눈앞에 보이지 않기 때문에 가족들이 아니면 큰 문제로 생각하지 않고 넘어간다.

75세가 되면 누구나 노화가 본격적으로 시작된다. 70대 이상 인구가 570만 명이다. 그중 80대와 90대만 200만 명이 넘는다. 그러나 지금도 한국의 의료 정책은 건강보다 치병에 집중하고 있다.

우리가 생각하는 노인, 특히 초고령 노인에 대한 이미지는 쇠약하고 추하고 무력하며 병 덩어리, 간호가 필요한 골칫덩어리다. 이런 이미지가 노인을 싫어하는 혐노 문화를 형성하는 원인이다. 하지만 여기서 우리가 유념해야 할 것이 있다. 실제로 지구상에는 최후까지 건강에 자신을 갖고 열정적으로 살아가는 문화권이 있다는 것이다. 여기서는 존경받는 노인 문화가 있다. 생산적이고 창조적이고 경험과 지혜의 보고인 노인도 많다. 의욕과 활력이 넘치는 노인이다. 이것은 세계 건강 장수촌 연구에서 밝혀진 진실이다.

최근 장수 마을에 관한 연구가 활발하다. 그중 미국에서 실시한 장수 마을 연구가 유명하다. 연구팀은 세계에서 가장 장수하는 마을 다섯 군데를 선정해서 여러 가지 요인으로 분석하여 발표했다. 이 다섯 마을을 블루존이라고 칭하고 마을의 공통적인 특징을 9개 항목으로 정리하여 발표했다.

블루존 마을은 세계 다른 문화권과 달리 고령의 노인들이 존경받고 있다. 그 이유를 설명하는 데 가장 큰 특징은 노인들이 밭에서 평생 중노동을 한다는 것이다. 대체로 섬 지방이 많았는데 이웃 간에 우의가 두텁고 욕심이 없다. 이런 보고서를 접한 미국 사회가 이들의 생활상을 그대로 시행함으로써 건강 장수하게 되었다는 고무적인 보고를 했다. 그런 마을이 40여 곳 이상이며 건강보험료가 크게 절약되었다.

정신과의 대가인 칼 융 박사도 인디언 촌의 촌로들이 대단한 존경을 받고 있으며 모두 건강하게 장수한다는 보고를 받고 이를 연구하기 위해 인디언 마을로 갔다. 말도 배우고 그들과 함께 생활하면서 백인 세계와는 다른 독특한 문화적 차이를 발표했다. 그 보고서에도 특징적으로 노인들이 존경받고 있다는 사실에 주목했다. 존경받는 큰 이유 중 하나가 젊은이들이 먹고 있는 음식 재료가 노인들이 지은 농작물에서 나오고 있기 때문이었다. 고령자는 놀고먹는 공짜 인생이 아니다.

내가 이 책을 쓰는 이유도 여기 있다. 더는 노인은 뒷방에 은거하여 고독과 고통과 탄식 속에 생을 보내는 세대가 아니다. 희망찬 활기에 넘치는 문화가 있다는 것을 알아야 한다.

우리 한국은 옛날부터 노인 공경 문화가 대단했다. 그러나 산업 사회가 발달하면서 도시로 인구가 집중되고 도농 인구가 하루

아침에 역전되었다. 농촌엔 노인들만 남겨둔 채 모두 도시로 몰려간 것이다. 노인에 대한 부정적인 이미지가 강할수록 노인 스스로도 거기서 탈피하려고 노력한다. 검은 머리에 희끗희끗 백발이 생기면 아주 공황 상태에 빠진다. 염색을 우리만큼 열심히 하는 문화권이 또 있을까. 최근엔 남자들도 미용 성형술이 열풍이고 남성 전용 화장품도 잘 팔린다.

난 이런 현상을 긍정적으로 보고 있다. 젊어 보인다면 그만큼 의욕적으로 될 것이니까. 거울에 비친 자신의 상과 자신감에는 상당한 관계가 있다. 우리의 미용 성형술이나 줄기세포 시술 등은 세계적이다. 외국 사람들은 한국인들이 모두 청년상이라고 놀란다. K-POP 문화와 함께 젊고 활력이 넘치는 역동적인 문화다.

# 그래도 어른의 품격을

장수의 늪이라 표현하니 아무렇게나 되는 대로 막 살아야겠다고 생각하게 되진 않을까 걱정이다. 힘든 시대가 오리란 생각을 해야 하며 그에 따른 준비도 잘해야 한다. 질펀한 늪 길이라도 마른 땅을 잘 골라서 딛고 걸어야 한다. 신발이 진흙에 젖지 않도록 깨끗이 잘 골라 밟아야 한다.

이럴수록 더욱더 자기를 잘 다듬을 수 있는 품격을 갖춰야 한다. 뒷방 구석에 처박혀 앉아 귀신같은 늙은이가 되는 것이 아니고 할 일을 찾아 바깥 공기를 마실 수 있도록 해야 한다. 풀타임이 아니어도 좋다. 어디엔가 내 경험을 나눌 수 있는 것이면 좋다. 단, 젊은이들이 하는 일에 너무 깊게 개입하지 말고 슬쩍 한마디 걸치는 정도에서 그쳐야 한다. 항상 뒷줄에 서고 아래에 서야 한다. 앞에서 끄는 사람이 아니고 뒤에서 미는 사람이어야 한다. 선두에 깃발을 든 사람이 아니고 젊은이들이 흘리고 간 뒷설거지를 하는 사람이어야 한다. 어른의 품격은 이런 데서 빛난다. 남들이 시시하다고 생각하는 일, 피하고 싶어 하는 일을 맡아 할 수 있는 사람이어야 한다. 그것이 존경받는 길이다. 그래! 존경을 받는 사람이 되어야 한다.

신체적으로 정신적으로 이보다 중요한 치료제는 없다. 하찮은 일을 말끔히 해치워주는 사람이어야 한다. 젊은이들이 나를 기다리게 해야 한다. 그리고 시간이 나는 대로 형편이 되는 대로 베풀어야 한다. 아껴서 뭘 하랴. 있는 것은 다 털어 후회 없이 베풀어야 한다.

고령이 되면 자연스레 젊은이와의 사이에 간격이 생긴다. 예부터 할아버지는 사랑방에서 혼자 지내셨다. 아이들과 섞이면 그만큼 권위가 떨어진다고 생각했기 때문이다. 언젠가 이런 질문을 받은 적이 있다.

"아이들과 일정한 거리를 유지하되 친구처럼 가까이 지내야 하는 것이 아닌가요? 부자간이라기보다 친구 사이가 돼야 하는 것이 아닌가요?"

내 대답은 간단하다.

"부자간이지 친구 사이는 아닙니다."

이런 대답을 하면 꼰대라고 웃을지 모른다. 물론 너무 권위를 생각하느라 꼰대 소리를 들어선 안 된다. 젊은이와 함께 생활하는 시간이 많으면 서로에게 배울 점이 많아 정말 좋다.

# 운전은 졸업

'Enjoy aging!' 앉고 서고 걷는 정도만 할 수 있다면 운동을 따로 할 필요가 없다. 고령자가 해야 할 일은 단련이 아니다. 일상생활을 무리 없이 할 수 있다면 그것으로 훌륭한 운동이다.

까마득한 옛날, 원시인들의 생활을 생각해보라. 마라톤 풀코스를 뛰어야 할 일은 없었다. 사냥할 때나 갑자기 들판에서 소나기를 맞을 때 혹은 야수의 습격을 받을 때 재빨리 나무 위로 올라가야 하는 것 정도다. 그런 일이 아니고서야 사람이 그렇게 빨리, 오래 달려야 할 이유가 없다. 어느 세미나에서 이런 이야기를 했더니 우리의 마라톤 영웅, 황영조 감독한테 혼이 난 기억이 있다. 나 역시 운동하라고 독려는 하지만 그렇게 힘든 운동은 수련의 수준을 넘어 단련을 위한 것이다. 이것은 운동선수나 전투병의 특수 훈련이 아니고서는 우리 일상에선 무리를 준다.

난 '항노화'란 말을 잘 쓰지 않는다. 자연의 흐름에 따라 사는 것이 순리다. 가끔 잡지에 80세에도 젊은이 같은 이의 사진이 실린다. 사람들은 이런 사진을 보고 '아! 나도 저랬으면' 하고 무리를 한다. 이것도 안 된다. 자기답게 자연스럽게 나이를 먹어야 한다. 나는 75세에 자동차 운전면허증까지 반납했다. 요즘도 고령자 운전이 심각한 차 사고를 유발한다. 늦어도 80세가 되면 그만두는 것이 좋다. 난 20세 대학생 때부터 운전을 시작해서 55년간 100% 무사고였다. 가벼운 접촉 사고 한 번 낸 적이 없다. 운이 좋았다고 생각하지만, 그만큼 조심했다. 전후좌우 잘 살피고 내 주위 운전자들의 성질까지 파악한다. 트럭이나 버스 뒤는 안 따라다닌다. 나름의 철저한 운전 규칙을 지키고 졸리면 즉시 세워서 쉰다. 한숨을 쉬거나 토막잠을 자는 습관이 도움이 된다. 한 달에 몇 번이고 사고 나는 사람에 비하면 운이 좋았다. 사고가 나면 과실의 10%는 사고를 당한 사람에게 있다. 상대가 사고를 내게끔 내가 운전을 잘못한 것이다.

운전만은 공격적이면 안 된다. 그런데도 운전대에 앉으면 그만 마음이 급해진다. 뇌 속에 공격적인 놀아드레날린이 분비되기 때문이다. 물론 이 호르몬이 없으면 아예 운전대에 앉을 용기도 나지 않을 것이다. 운전은 하되, 자신의 공격성을 적당히 잘 조절할 수 있는 품성을 길러야 한다. 운전이라는 것 자체가 공격적인 행위라서 마음도 저절로 공격적으로 된다. 점잖은 사람도 운전대에 앉으면 입이 험해진다. 앞차 운전이 내 마음에 들지 않으면 경적을 울려대면서 앞차 운전자의 신경을 건드린다. 길에서(심지어 고속도로에서) 차를 세우고 삿대질을 하며 보복 운전이 폭력으로 변하게 된다.

운전대를 놓고 나니 이런저런 스트레스가 사라지고 길에 나가도 신경 쓸 일이 훨씬 줄어든다. 서운해하지 마라. 이것만으로 축복이다.

# 너의 최후에 만세를

의미치료 아카데미 회원들의 번개 모임이 있었다. 마포대교 아래서 만났다. 나를 만나기 위해 꼭 건너야 하는 이 다리는 자살하기도 좋은 명소다. 무슨 사연인지 자살자가 제일 많은 다리가 마포대교다. 그렇게 시작된 우리 이야기는 자살에 대한 논의로 한참 시끄러웠다.

미국 수련의 시절, 내가 배속된 DANA 클리닉은 암 병동이었다. 무거운 병실 분위기라 상담을 원하는 환자가 많았다. 그때 난 프로이트의 정신분석 기법보다 빅터 프랭클의 의미치료 기법을 많이 썼다. 내가 잊을 수 없는 환자는 고등학생 혈액암 환자였다. 공부도 잘하고 착한 아이였다. 회원 중 한 친구는 이 어린 환자 이야기가 나오자 말했다.

"그 아이는 좋겠다. 사는 날이 짧아서."

응? 모두 깜짝 놀랐다. 이 친구는 누가 뭐라 해도 사회적으로 가장 성공한 친구다. 이런 건강한 친구 입에서 나온 말이다. 모두가 의아한 표정으로 그 친구를 쳐다본다. 그 말을 하고 씁쓸한 웃음을 짓던 그 친구의 표정이 이 글을 쓰는 지금도 너무 선명하다.

이 나이가 되니까 죽음에 관한 생각이 언뜻 떠오를 때가 있다. 사상가 몽테뉴는 "철학을 한다는 것은 죽는 법을 배우는 일"이라고 했다. 그는 '모멘토 모리Memento mori', 살면서 항상 죽음을 생각하라고 권했다. 그러면 낯설기만 한 죽음의 공포도 차츰 낯익은 일상처럼 된다고 했다.

그러나 그런 철학적 사색은 도움이 안 되고 아무 생각 없이 담담히 지내다 죽는 사람이 편한 죽음을 맞는다고 한다. 깊은 사색은 죽음의 공포를 없애는 데 아무런 도움이 안 된다. 자연의 흐름에 따라 살다 죽는 사람이 공포 없이 잘 죽는다고 했다. 자연 이외에는 아무런 혜택도 누리지 못한 까닭에 자연에 가깝고 진실한 자세가 되는 게 아닌가 싶다.

이런저런 생각을 하노라면 결국 나에게로 돌아온다. 40년을 같은 아파트에 살다 보니 모든 게 낡아서 덜컹거린다. 그래도 여기가 좋은 이유는 바로 뒤에 한강이 흐르고 있기 때문이다. 흐르는 물은 끊어지지 않는다. 많은 사람이 보고 지나갔을 것이다. 물끄러미 앉아 한강 물을 보고 있노라면 나와 그 많은 사람의 생명 줄기가 이어져 있음을 느낀다.

죽음까지 생각하니 온갖 사연들이 얽혀 떠오른다. 내가 본 영화 중에 원자핵에 노출된 한 소년의 이야기가 있다. 소년 자신도 알고 있었다. 살날이 얼마 남지 않았다는 것을. 그러나 소년은 밝은 표정으로 걱정하는 부모를 위로한다. 부모는 크리스마스에 쇼핑하러 나가면서 어떻게 하면 아이의 마지막 크리스마스를 잊을 수 없는 멋진 날로 만들 수 있을까 고민한다. 한적한 시골 농원에 눈이 내렸다. 부모가 쇼핑을 나간 사이 소년은 트랙터를 끌고 크리스마스트리를 꺾으러 뒷산에 간다.

"할머니, 날 믿어. 멋진 나무를 찾아올게."

그가 남긴 마지막 말이었다. 부모가 돌아왔지만 아이는 집에 없었다. 이에 놀라 산으로 찾아갔지만 아이는 혼수상태로 발견되었다. 아이를 안아 들고 집으로 돌아와 눕혔으나 가쁜 숨을 쉴 뿐 반응이 없었다. 그런 아이의 마지막 가는 길, 힘들어하는 순간을 지켜보고 있어야 했던 가족들의 마음이 얼마나 아팠을까. 아이의 힘든 순간순간이 너무 괴로웠다. 이윽고 아이는 조용히 숨을 거두고 편안한 얼굴이 된다. 그런데 둘러앉았던 가족들이 박수를 치고 만세를 불렀다. 이 장면이 압권이다. 사랑하는 아이가 숨을 거뒀는데 어떻게 이럴 수가? 그는 짧은 인생이지만 충실한 삶을 살았다. 참으로 열심히 살았다. 만세가 절로 나옴직하다. 주인 잃은 트리가 트랙터 위에 남아 있다.

# 웰 다잉

선배 한 분이 중환자실에 입원 중이라는 소식을 들었다. 병문안을 가보니 환자는 이미 의식이 없고 인공호흡기로 연명하고 있었다. 벌써 석 달째 저런 상태라고 했다. 선배님은 일본과 작은 무역상을 경영하고 있었는데 테니스를 좋아하셔서 경백회 회원이기도 했다. 후배들에겐 항상 따뜻했고 테니스 시합도 승패를 떠나 즐겼던 분이었다. 회원들은 그에게 '런던 젠틀맨'이라는 별명을 붙여줬다.

병실을 나와 사모님과 아드님에게 말씀드렸다.

"선배님이 정신을 차려 자기 모습을 보셨더라면 노발대발했을 겁니다. 그게 선배님의 기품이었습니다. 선배님은 평소에도 품위 있는 죽음을 자주 말씀하셨습니다. 선배님은 지금과 같이 기계에 생명을 의존하는 연명 치료는 결코 바라지 않으셨을 겁니다. 지금이라도 가족과 의논해서 집으로 모시고 가시는 게 순리일 것 같습니다."

가족분들도 그런 생각을 하고 있었지만, 행여 오해라도 받을까 서로 눈치만 보고 있었다. 내가 말문을 시원하게 열어준 격이 되었다. 그날 오후 늦게 주치의의 허락 아래 겨우 퇴원 수속을 마치고 집으로 모시고 갔다. 의식은 없으면서 이상하리만큼 얼굴이 편안해지셨다. 한 번도 의식을 차리진 못했지만, 인공호흡기를 떼고 나니 당신 힘으로 숨도 쉬고 하면서 아주 편안한 얼굴로 영면하셨다고 한다.

보호자 전언에 의하면 비록 의식을 찾지는 못했지만 이제 집으로 돌아왔다는 안도감은 육감적으로 느꼈던 것 같다고 했다. 병원에서 돌아가시는 것보다 당신이 평소 거처하시던 방에서 가족들이 모두 지켜보는 가운데 임종을 하셨다는 게 가족들에겐 큰 위안이었다고 한다. 팔순도 훨씬 지나 건강이 악화하면 이젠 웰 리빙Well living보다 웰 다잉Well dying에 삶의 무게가 실리는 것 같다.

예일대학교 립톤Lipton 교수의 연구에 의하면 히로시마 원폭에 노출된 사람들이 세상에서 가장 죽음을 두려워했다. 인간은 죽어도 완전한 죽음이 아니다. 내가 키운 자식, 낯익은 정원과 마당, 이 모든 것들은 내가 죽은 후에도 남는다. 즉, 완전한 죽음이 아니다. 하지만 원폭 희생자는 완전한 죽음이다. 풀 한 포기 남지 않는다. 그래서 세상에서 가장 죽음을 무서워하는 사람이 된다고 한다. 이상적인 죽음의 장소는 자신의 집이다. 우리가 임종을 '잘' 해야 하는 이유는 여기 있다.

요즈음은 워낙 의료 기술이 발달되어 영 소생 가망도 없는 환자에게 연명술을 시행한다. 더구나 우리 한국은 세계 최고의 장수를 자랑한다. 마지막 인생을 건강하게, 의미 있는 일을 하다가 죽음을 맞으면 그야말로 축복이다. 그러나 장수를 하다 보니 인생 말년에 건강하게 지내기란 쉽지 않다. 앞에서 여러 차례 언급되었지만 초고령자의 마지막은 정말 힘들다. 장수의 늪을 건너야 하는 운명의 최후가 기다리고 있다. 목숨만 붙어 있지 거의 인간 구실을 못 하는 상태다.

그래서 요즈음은 어떻게 사느냐보다 말년에 어떻게 죽을 것인가가 숙제로 떠오른다. 웰 리빙도 중요하지만 웰 다잉도 잘 챙겨야 한다. 옛말에 죽는 복도 타고난다고 했다. 살아 있는 한 삶의 의미가 살아 있어야 한다. 우리는 언제나 건강 타령을 하지만 마지막에야말로 건강해야 한다. 건강하게 죽어야 한다.

# 나 먼저 가네

우리는 우리 뜻대로 태어난 것이 아니다. 온 힘을 다해 우는 이 어린 것이 앞으로의 삶이 얼마나 힘들 것인가를 알기나 할까. 우리 일생은 '울면서'의 생애다. 그래서 하는 소리다. 죽을 때나마 우리 의지로 편하게 웃으면서 죽어야 하는 게 아닌가. 가까운 사람 불러 앉혀 놓고 '고맙네, 나 먼저 가네' 이렇게 마지막 인사를 나누고 조용히 웃으며 생을 마칠 순 없을까? 지금껏 힘들게 살아온 것을 따지고 보면 하늘은 우리에게 큰 빚을 진 것이다. 생의 마지막 순간까지 최선을 다해 열심히 살아오지 않았던가. 그렇다면 떠나는 마당에 웃으며 떠날 수 있지 않을까. 하지만 난 아직 이런 죽음을 본 적도 없고 들어본 적도 없다.

다시 소생할 가망도 없다는 연명 치료, 그렇게 목숨이라도 붙어 있다면 의료진과 가족도 '부활'을 그리며 최선을 다한다. 하지만 어느 구석에서도 인간다운 모습을 찾아볼 수 없다. 참으로 처절

한 최후다. 누가 이런 죽음을 원하랴. 내가 만난 어떤 사람도 이런 연명 치료를 원하지 않았다. 품위 있는 죽음을 바란다. 아프지 않고 편안히 가기를 원하고 있다. 무엇을 위해 최후의 사투死鬪를 치러야 할까. 벌써 생을 마감한 상태로 이승을 떠나 저승에서 편안히 지내야 할 사람인데 현대 의료라는 괴물이 잡고 놓지 않는다. 진작 '나 먼저 가네' 하고 손을 흔들며 떠났어야 할 사람에게 이것은 참으로 가혹한 형벌이다. 이렇게 따져볼 때 발전된 의료 기술은 양날의 칼이다.

어느 철학가 수기에서 읽은 에피소드 한 토막.

부자 영감이 죽게 되었다. 용하다는 무당을 불러 몇 해만 더 살게 해달라고 빌었다. 이 무당은 염라대왕과도 친분이 있어 용하다는 소문이 났다.

"해봅시다. 죽음의 사자가 저 뒷산 골짝을 타고 내려오는데 저승길이 멀어 시장할 테니 거기다 거하게 한상 잘 차려놓으시오."

"어렵지 않죠. 그렇게 하리다."

사자들이 내려오다 그 상을 보게 된다.

"야, 이거 웬 떡이냐."

실컷 먹고 나서 한 사자가 물었다.

"아니. 누굴 데리러 왔지?"

그러자 다른 사자가 수첩을 들춰보고 대답했다.

"동네 부자 영감이네."

"이렇게 후한 대접을 해준 영감을 데려갈 순 없지. 다음은 누구냐?"

"아랫동네 김영감일세."

"빈손으로 못 돌아가니 그 영감이나 데려갑시다."

그 말이 떨어지자 마침 병문안 온 아랫동네 김영감이 벌렁 넘어졌다.

너무 분위기가 무거워 해본 이야기다.

# 고령은 훈장이 아니다

자기비판하지 말아라. 살아온 인생, 후회도 하지 말아라. 산다는 것만으로도 벅찬 삶인데 그 인생에 무얼 더 기대한단 말인가. 별것 아닌 인생을 살았노라고 서러워하지도 말자. 어떤 인생도 부끄러워할 것 없다. 얼마나 이뤘냐는 것이 아니다. 인생은 그것을 묻는 게 아니다. 얼마나 열심히 포기하지 않고 살았느냐가 중요하다.

루터 킹 목사는 평소 이 말을 즐겨 썼다.

"최악의 비극은 젊을 때 죽는 것이 아니라 진실로 살았노라 말할 수 없는 상태로 75세까지 살았다는 것이다."

그는 39세에 저격으로 사망했다. 대단한 업적을 말하는 것이 아니다. 인생을 사는 자세를 묻고 있다.

고령을 대단한 특권처럼 생각하는 사람도 없지 않다. 고령이란 젊은이처럼 한 생애를 살아가는 데 지나간 한 시점을 말하는 것일

뿐 선도 악도 아니다. 무슨 큰 자격을 취득한 것도 아니고 공적을 쌓은 것도 아니다. 인생을 살아가는 어느 한 시기를 말할 뿐이다. 늪에 빠져 허우적대느냐, 그나마 남은 힘으로 자립·자율하느냐. 이것은 마음먹기 나름이다. 노인의 건강도는 내 마음먹기에 크게 좌우된다. 스스로 '난 건강하다'라고 생각하는 노인의 비율이 국제적으로 일본은 64%로 가장 높고 한국은 42%로 거의 바닥권이다. 정신력, 기력이 단단해야 체력이 따라온다.

백수의 왕, 사자도 자기 먹을 것은 스스로 사냥한다. 자기가 먼저 충분히 먹은 후 자식들이 먹게 한다. 이것이 인간과 동물의 차이다. 가뭄에 어른은 굶어 죽고 아이들은 배불러 죽는다는 말이 있다. 이게 어른이 된다는 책임이자 염치다. 지난번 아마존 밀림 문화 기행에서 충격적인 이야기를 들었다. 우리는 최악의 야만인을 인육人肉을 먹는 식인종으로 알고 있었다. 천만의 말씀. 그들은 영화 〈타잔〉에서처럼 길 가는 백인 여자를 잡아먹는 것이 아니다. 밀림에 가뭄이 오면 먹을 것이 없어 온 부족이 굶어 죽게 되는데, 이럴 때 노인이 나서서 자신을 잡아먹으라고 몸을 내놓는다. 부족의 연명을 위해 참 거룩한 희생을 하는 것이다. 이보다 숭고한 인류애가 있을까.

이런 이야기를 하면 펄쩍 뛰는 노인분도 계시다. 무슨 소리냐, 누구 덕택에 오늘의 부자 나라 한국이 되었는데! 당연히 대접해야지, 하는 소리도 들린다. 그 기분은 이해가 된다. 하지만 그럴수록 노인 자신의 자유 의지로 사양심을 발휘할 수 있어야 하는 게 아닐까. 그게 노인의 권위나 자존감을 지키는 길이다. 염치가 있고 체면이 있는 노인, 서양에서는 이를 '갈랑트리Gallantry'라는 이름으로 칭송한다. 영국의 신사도 역시 여기서 비롯된다.

예일대학교는 미국 동부 뉴헤이븐이라는 작은 도시에 있다. 병원에서 메인 캠퍼스에 가려면 버스를 타야 한다. 무거운 책을 껴안고 버스에 오르면 앉아 있던 노인이 자리를 양보한다. 우리야 온종일 빈둥거리는 게 일과지만 학생들은 공부하느라 애쓰고 있으니 자네들이 앉아 가야 한다는 논리다.

내 룸메이트 스티브는 대학에서 관리하는 천재다. 그런데 그가 입버릇처럼 하는 소리가 "나는 낮게 살고 싶다. 숲에 비가 내려 잎을 적시고 뿌리를 타고 지하수가 되어 작은 개울을 만들고 낮은 곳을 향해 흘러 더러운 물과 섞여 큰 강을 이루고 끝내 바다로 나간다. 나는 큰 강의 물 한 방울처럼 그렇게 살고 싶다"였다. 미국이란 나라가 잘살게 된 것은 그냥 이뤄진 것이 아니다. 이런 양식이 모여 미국이라는 거대한 나라를 만든 기반이 된 것이다.

내가 지금도 지하철 돈 내고 타는 것은 돈이 많아서가 아니다. 나 자신의 어른다운 정체성을 위해서다. 우리 사회에 빚을 지고 사는 인생은 안 되겠다. 이것은 내 자존심 문제다.

# 상속법의 문제

내가 아끼는 후배 한 명이 식사하다 말고 졸도해서 응급실에 실려 갔는데, 전신 황달 증상에 간 이식을 받아야 한다는 진단을 받았다. 모두 눈치만 보고 있는데 평소 후배를 자기 집에서 잘 모시던 여동생이 자기 간을 내놓겠다고 나선다. 칠 남매 맏이로 동생들을 잘 보살피고 공부도 시켰는데 말년에 중풍이 와서 정신도 오락가락하고 걸음을 제대로 못 걸으니 누군가 부축해야 했다. 부인까지 교통사고로 돌아가시고 자식도 없어 혼자 지내다가 중풍을 맞은 것이다. 간호가 필요하게 되자 다른 형제들은 모두 뒷짐을 지고 여동생만이 나서서 오빠를 자기 집으로 모시고 갔다. 형제들은 모두 살 만했는데 병원비 한 푼 보탤 생각을 안 했다.

간 이식술, 간을 내놓겠다는 것은 여동생뿐이었다. 불행히도 수술받기 전에 후배는 세상을 떠났다. 그제야 흩어져 있던 오형제가 다 모여 얼마 되지도 않는 유산 싸움이 일어났다. 상속

법대로 하자는 데 모두 동의했다. 여동생한테도 쥐꼬리만 한 유산을 줬다. 그 이야기를 듣고 너무 화가 났다. 작든 크든 그의 유산은 당연히 여동생의 몫이어야 한다. 제대로 형 한 번 돌보지 않은 동생들에게 웬 유산인가. 끝까지 곁에서 지켜온, 그리고 자기 간까지 내주려 했던 그 여동생 몫이어야 했다. 나는 유산 상속에 대해 문외한이지만 핏줄이 엉켰다고 재산을 나눠줄 게 아니고 고인에게 얼마나 잘했느냐가 기준이 되어야 하는 것이 아닌가. 괜히 화가 난다.

LA 신문 기사 한 토막이 생각난다. 남편이 시원찮다고 구박하던 아내가 드디어 이혼했다. 그리고 며칠 후 LA 신문에 대서특필한 기사가 실렸다. 텍사스 유전 주인이 죽었는데 유언서도 없고 상속자도 없어 석유 회사에서 10년 동안 공짜로 석유를 가져간 것이다. 그것이 감사에서 드러난 후 제일 가까운 상속자를 찾아보니 앞서 이혼당한 남편이었다. 그는 천문학적 재벌이 되었다. 억울한 것은 이혼한 아내였다. 남편을 찾아와 "여보, 나 농담으로 그랬어"라며 아양을 떨었지만, 남편은 "난 당신이 농담하는 것을 들어본 적이 없다"라고 했다.

# 우리 괜찮을까?

코로나19 팬데믹이 아무래도 심상치 않다. 우리나라는 그래도 방역을 철저히 잘해 공황 상태에 빠지지 않고 그럭저럭 소강상태를 유지해오고 있었는데 최근 신규 확진자가 부쩍 늘어났다. 게다가 새로운 변종이 계속 생겨났다. 백신 주사를 맞으면 괜찮으려나 했는데 웬걸, 나도 두 번이나 PCR 검사를 받았다. 두 번 다 식당에서 확진자와 밀접 접촉했기 때문이다. 돌파 감염이라나? 너무 혼란스럽다. 솔직히 두려웠다. 방역 규칙을 잘 지키고 정부에서 시키는 대로 잘했는데도 안심이 안 된다. 병실도 만원이고 재택 치료자가 기하급수적으로 늘어났다. 의료 체계의 붕괴다. 난 그래서 요즘 면역에 관한 이야기를 열심히 하고 있다.

면역에 관한 공부도 하고 글도 쓰고 프로그램을 준비하다 보니 문득 '지구 면역론'을 주장하는 사람들에게 시선이 끌린다. 지구를 하나의 생명체로 보고 지구가 판단하기에 초목, 동물, 인간이

해로운 존재라면 배제한다는 것이 지구 면역론의 기본이다. 그런 관점에서 보면 최근 기상이변, 대홍수, 지진, 전염병 등은 지구가 인간이란 존재를 배제하기 시작한 현상이 아닌가 하는 생각이 든다. 인간을 지구에 해를 끼치는 '남'이라고 인식하기 시작한 것이다. 차츰 인간 거절 반응이 일어나고 있는 것은 아닐까? 이런 생각은 무서운 예감이 들게 한다. 이윽고 '큰 재앙이 닥치는 것이 아닐까'라는 공포감도 든다. 말세가 오는 것은 아닐까?

첨단 과학자들도 은근히 비유적으로 이 문제에 대해 언급하고 더 심각하게 느끼고 있다. 명성 있는 자연과학자들도 사이비 종교 집단에 빠지는 것을 보면 그런 우려가 성립된다. 대홍수가 쓸고 간 폐허에 허탈한 웃음을 짓던 노인 생각이 났다.

"내일은 또 무슨 일이 일어날 것인가?"

우리는 지금 정신적인 동요 속에서 정처 없이 흔들리는 부평초 같다. 몇 해 전 문화 기행을 갔을 때다. 캐나다의 환경 크루즈는 관광객을 싣고 빙산이 녹아내린 현장으로 배를 타고 간다. 해변까지 녹아내린 빙산이 산처럼 쌓여 있다. 한 번씩 눈 덩어리가 떨어져 나와 바다에 철썩하고 부딪히면 관광객이 환호성을 지른다. 빙산 조각의 덩치가 클수록 좋아한다. 쯧쯧, 난 내 살이 떨어지는 아픔을 느꼈다. 철부지들의 환호성에 어이가 없었던 기억이 난다.

난 종교 서적을 자세히 보는 편은 아니다. 특집에 면역론, 유전학, 분자생물학이 등장했다. 왜 종교 잡지에 이런 고도의 과학 전문 지식 기사를 올릴까? 그런가 하면 현대 의학, 물리학, 생물학자들이 종교의 영역에 깊숙이 발을 뻗고 있다는 것이 이상하다. 가령 치유 가능성 없는 환자에게 어떤 의료를 행해야 하느냐, 이것은 과학자 관점에서 판단할 일이 아니다. 21세기는 과학과 종교가 손잡고 가는 시대다. 과학자가 알아야 할 점은 과학으로 분석이 안 되는 일이 세상에 너무 많다는 것을 인정해야 한다는 점이다. 종교적 자세라지만 물질적 요소가 인간 속에 깊이 영향을 주고 있다는 것을 인정해야 한다. 이럴 때 비로소 새로운 르네상스가 일어나는 것이 아닌가 하는 생각이 든다.

어느 한 면만 보고 내리는 결론만큼 위험한 일은 없다. 우리 회원 중 한 분이 플라스틱 사업을 전 세계적 규모로 하고 있다. 기왕이면 지구환경을 오염시키지 않는 사업이면 좋았을텐데.

"그랬으면 좋겠지요. 플라스틱을 대신할 수 있는 게 있다면. 만약 플라스틱이 없었다면 지금쯤 우리 산은 종이 펄프를 위해 벌거숭이가 되었을 겁니다."

"그렇다. 플라스틱이야말로 환경을 지키는 데 공헌을 하고 있구나."

크게 한 방 얻어맞았다. 한쪽만 보고 내린 결론이 얼마나 위험한가.

## 자연으로 회귀

부처는 확신하고 있다. 인간은 결코 고苦에 질 수 없는 존재다. 이 엄청난 재난과 부조리 속에서도 희망을 품고 행복하게 살 수 있다. 이것이 그의 깨우침의 중심 사상이다. 그러면 어떻게 살아야 하나? 길은 많다. 그중 내가 주목하고 있는 것은 '생명의 중함'이다. 인간은 지구상의 모든 생물, 아니 우주 전체의 생물에 대해 무거운 빚을 지고 살고 있다. 약육강식, 우리보다 약한 생물을 잡아먹고 살고 있다. 이것은 인간이 지구상에 산다는 그 자체가 곧 근원적인 악惡, 업業을 지고 살고 있다는 것이다. 한없이 겸손하고 겸허하지 않을 수 없다.

그러나 르네상스 이래 우리 인간은 희망찬 빛 속에서 근대를 만들어 왔다. '인간은 교회와 신의 권위에 잡초나 벌레처럼 취급되어선 안 된다. 인간은 위대하다'라는 인간 해방의 의식 개혁에서 시작된다. 당시로선 중세 암흑시대에 어둠을 비추는 한 줄기 빛처럼 신선한 사상이었다. 그런데 20세기에 접어들면서 인간이 아주 교만해지기 시작했다. 모든 것이 인간 중심주의로 바뀌어 갔다. 지구의 자원을 무한정으로 채취, 개발하는 등 모든 것을 난폭하게 행하면서 지상의 제왕처럼 군림하기 시작했다. 자연 파괴가 너무 심각해지니 그제야 환경 문제가 세계적 이슈로 떠오르기 시작했다. 진작 그랬어야 했다. 이제야 세계는 우리 한국의 자연관을 주목하기 시작했다. 우리는 산에도 산신령이 있다고 믿었다. 그뿐만 아니라 바위, 물, 나무……. 산천초목에도 신이 있다고 믿고 있다. 지금도 우리 할머니는 큰 나무를 보며 절하고 흐르는 강물에 절을 한다. 자연은 개발되어 인간에게 봉사해야 한다는 가치관을 가진 서구 사람들은 우리의 이런 자연관을 애니미즘이라고 폄하하고 있다.

자연은 인간에게 봉사해야 한다. 개발, 이용되어야 한다. 이런 인간 중심의 사상이 환경 파괴라는 무서운 재앙으로 돌아와 온 지구를 덮치고 있다. 마침내 지구가 인간과의 공생을 포기하고 있는 게 아닌가 하는 무서운 생각이 든다. 이제 와서 자연 보호를 외치지만 자연은 보호 대상이 아니다. 인간과 함께 공존해 사는 것이다. 우리가 어떻게 위대한 자연을 보호할 수 있단 말인가. 보호는 강자가 약자를 보호하는 것이다. 인간도 우주의 일부다. 우리는 가소롭게 산업화라는 미명으로 자연을 파괴하고 있다. 그러나 인간은 자연을 떠날수록 불행하고 건강에 문제가 생긴다. 고맙게도 나이가 들면 자연적으로 자연에 회귀한다.

자연 속의 인간은 혼자이면서 혼자가 아니다. 자연 속에 하나의 생명이 존속한다는 것은 보이지 않는 손에 의해 살려지고 있다는 것이다. 나이가 들수록 자연 앞에 한없이 겸손해진다. 언젠가는 우리의 자연관이 지구상의 환경 파괴에 제동을 거는 위대한 생각으로 거듭날 것이다.

SUPER
AGER

CHAPTER 5

# 최후의 10년, 이렇게 준비하라

# 그리고 10년

나는 기회가 있을 때마다 생애 현역으로 뛰어야 한다고 역설한다. 물론 그러려면 모든 면에서 사회적 활동을 하는 데 지장이 없을 정도가 되어야 한다. 나는 앞에서 대개 75세가 일선에서 물러나기에 적정기라는 말을 했다. 그때부터 생리적인 노화가 시작되기 때문이다. 그 이상 할 수 있는 사람은 그리 많지 않으며, 그럴 수만 있다면 축복받은 인생이다. 그보다 더한 축복은 없다. 앞으로는 그런 고비를 훌쩍 뛰어넘은 100세 현역도 드물지 않을 것이다. 하지만 현실은 그리 녹록지 않다. 회사나 개인 사정으로 75세는커녕 65세, 60세도 못 채우고 은퇴하는 사람도 적지 않을 것이다. 내가 걱정하는 것은 이런 어중간한 사람이다. 60세 전후에 직장을 떠난 사람들이다. 3K, ①금융 ②건강 ③고독 어느 하나 확실한 기반이 없는 불안정한 상태다.

평균 기대 수명이 83세라지만 현재까지 큰 병이 없는 사람이라면 그보다 훨씬 길게 90대 후반까지 살 수 있다. 하지만 건강 수명이 그보다 10년은 짧아서 80대 후반에서 90대 후반까지의 10년이 걱정이다. 이게 내가 걱정하는 '그리고 10년'이다. 최소한 누군가의 간호를 받아야 편하게 거동할 수 있다. 아프고 가난하고 자유롭지도 못한 참 괴로운 10년이다. 본인은 물론이고 가족도 그리고 보건 서비스도 여간 힘든 기간이 아니다.

하지만 인생의 승부는 여기다. 최후의 10년을 어떻게 넘기느냐가 숙제다. 이젠 장수는 축복이 아닌 재앙이 될 수가 있다. 인생 최후의 10년, 도대체 왜 이리 힘들게 해놓았을까. 우리에게 최후의 10년은 너무 가혹하다. 하늘도 무심하시지, 무슨 큰 죄를 지었다고 이런 중벌을 내릴까. 비슷한 논조로 타령하다시피 이 말을 되풀이하는 것도 너무 가혹해서다.

나 개인으로는 지금까진 그럭저럭 해내왔다. 그러나 앞으로 무슨 일이 벌어질지 매일 아침 눈을 뜰 적마다 건강하게 살아 있다는 것이 신기하고 고맙다. 그리고 그런 생각에 감동이 느껴진다. "감사합니다." 이 말이 절로 나온다.

# 인생 2막

연극을 봐도 1막보다 2막의 결론 부분에서 참 다양하고 감동적인 장면이 많다는 것을 경험하게 된다.

우리가 사는 인생살이도 이와 크게 다르지 않다. 1막은 감동을 위한 예비무대요, 준비 작업이다. 관객은 2막의 결론 부분에 대한 기대가 크고 감동을 위한 뇌의 준비 작업을 한다. 연극이 빛날 때는 지금 여기다.

언제부터가 2막인가. 나이로 따지면 대체로 60세 전후가 아닌가 싶다. 가장 큰 변화라면 은퇴 생활의 시작이다. 사는 집을 교외로 이사를 나가는 집도 있고, 아니면 아예 외국으로 옮긴다. 부부 둘이라 옮기기가 어렵지 않다.

누구나 지금부터 슬슬 죽을 준비를 한다. 궁금한 게 얼마나 오래 살게 될지다. 초고령 장수 사회라지만 아직 나한테는 실감이 나지 않는다. 확실한 건 은퇴 생활이라 수입이 그전 같지 않다. 생활 규모를 맞춰야 한다. 얼마나 오래 살게 될지 죽기까지 저축은 얼마나 해두어야 할까? 최악의 경우 침대를 떠나지 못하는 생활 기간도 계산해야 한다. 통계에 의하면 그 기간이 8.5개월쯤이라고 한다. 그러나 실제로 그런 예외 장수자를 제외하고 그렇게 오래 침대를 등지고 살아야 하는 경우는 많지 않다.

자동차? 있으면 좋지. 특히 시골의 목가적 분위기를 즐기려면 차는 필수다. 단 내 신체 컨디션을 잘 계산해야 한다. 나는 75세에 면허증을 자진 반납했다. 반사신경이 늘어지는 걸 느낀 이후 미련 없이 반납했다. 50년 무사고 운전면허증을. 차가 없으면 시내가 좋다. 대중교통 이용하기 쉬워서다.

그러나 결론은 '재미있는 노년'을 보내도록 해야 한다. 그리고 자선단체에 말석이나마 앉아 사회에 진 빚을 내 형편대로 갚아야 한다. 그래야 사는 보람을 느낄 수 있다. 그리고 공부를 해야 한다. 나이 들어서 교육을 통해 지적 수준을 높인다는 건 뇌의 활성도를 높여 사망률이 확실히 저하된다는 게 많은 연구 결과가 나와 있다. 너무 건강을 의식하지 말고 맛있는 걸 먹어라. 젊은이와 함께 맛집 줄 서 먹는 식당도 가보자. 그런 쾌快 체험이 면역력을 높인다.

# 은퇴가 끝이 아니다

북유럽은 물론이고 미국도 세금이 매우 비싸기로 유명하다. 거기에 비하면 우리가 내는 세금은 약과다. 나도 언젠가 은퇴자 그룹의 축하 모임에 미국 친구를 따라가본 적이 있다. 우리가 생각하는 정년, 은퇴와는 분위기가 전혀 달랐다. 이들은 자기 생애 가장 빛나는 최고의 시간으로 기다리는 것이 은퇴다. 아무런 책임도 없고 출퇴근을 비롯해 직장 스트레스에서도 완전 해방이다. 이제부터 무엇을 하든 자유다. 직장에 매여 못 해본 일을 이젠 마음껏 즐기는 일만 남았다. 은퇴가 기다려질 수밖에 없다.

거기에 비하면 우리나라에서는 은퇴를 마치 패배의 순간처럼 생각한다. 우리는 노조에서도 정년 연장을 위한 투쟁을 벌인다. 은퇴는 곧 사회적 죽음이라고 생각한다. 당장 생활비 걱정뿐만 아니라 직장 동료들과의 퇴근 후 한잔도 사는 맛을 돋워주는 치료제인데, 그게 다 없어진다는 것이 정년이라는 고약한 제약이다.

불안하고 겁이 안 날 수 없다. 해외 선진국에선 정년을 맞이해도 일을 더 하고 싶다면 재취업에 큰 힘을 들이지 않는다. 원하면 일할 기회는 얼마든지 쉽게 마련할 수 있다. 우리는 재취업이 어렵기도 하거니와 자기 전공이나 희망하는 일과는 동떨어진 곳이 대부분이다. 정말이지 자존심 상하는 직장밖엔 별로 갈 곳이 없다.

이 점에서 나는 정말 행운아다. 의사가 직업이라 정년 훨씬 전부터 의사로서 하고 싶었던 일들을 준비하느라 바빴다. 정년이 됐을 때는 이미 힐리언스 선마을을 설립하고 있었다. 현역 시절에 이미 준비가 끝나 있었기 때문이다. 나는 잠시도 멈춘 순간이 없었다. 성균관대학교 교수 정년 퇴임식에 가지 않은 것도 내겐 정년이 없어야 했기 때문이다. 나는 총장에게 서신을 드렸다. 퇴임식에 불참하게 된 사연을 적은 것이다. 나이가 찼다는 이유 하나로 동료 교수와 학생들 앞에 쫓겨나듯 해야 하는 퇴임식엔 가지 않겠노라고 선언했다. 대신 나는 일과를 느슨하게 짰다. 문화인류학 이희수 교수를 따라 매년 두세 차례씩 외국으로 문화 기행을 떠날 수 있어서 참 행복했다. 말이 현역이지 반은퇴, 반현역 생활이다. 내가 40대 후반에 처녀작을 출간한 이래 지금 쓰는 이 책이 112권째 저서다. 화려한 정년 생활이다.

언젠가 한 번은 만나야 하는 게 은퇴와 정년이다. 참으로 변하지 않는 손님이다. 불행히도 우리 한국 사회에서 정년이 기다려진다는 사람은 그리 많지 않아 보인다. 정년이 되면 앞이 캄캄하다는 표현이 결코 과장이 아니다. 정년 후 일자리를 찾아 나서지만 그리 쉽지 않다. 일자리는 현역으로 있을 때부터 준비해야 한다. 많이 하게 되는 일이 편의점이나 우동집이지만 잘되기란 쉽지 않다. 현역에 있을 때부터 준비하고 예행연습도 잘해야 한다.

한촌 설렁탕집 이야기를 좀 해야겠다. 육군 장기 복무 하사관 출신인 부부는 제대 후 뭘 해야 할지 막막했다. 부부는 그날부터 설렁탕 끓이는 비법을 연구 개발하기 위해 온갖 정성을 다한다. 놀러오는 친구들에게 맛이 어떠냐고 묻는 등 최선을 다한다. 드디어 자신이 생겼을 때 부평 경찰서 앞에 감미옥이라는 이름으로 설렁탕집을 개업했다. 이는 당장 명소가 되어 서울 사람들도 그 맛집을 찾아왔다. 차츰 이름이 알려질 무렵, 어느 뉴욕 교포가 설렁탕집 개업을 하고자 귀국해서 전국의 명소를 찾아 돌아다녔는데 이 집이 선정되었다. 그는 깜짝 놀라 뉴욕이라면 세계의 명소인데 우리가 도와주겠다고 개업비도 받지 않고 뉴욕 메시 백화점 앞 한인 거리에서 개업을 하도록 도와주었다. 그곳도 지금 성업 중이다. 국내에서도 내 사촌동생이 같은 부대에서 근무했다는 인연으로 천안에 지점을 내주었다. 이후 한촌 설렁탕으로 개명하고 친한 친구들에게만 지점을 개설하게 하여 정말 재미있게 사업을 잘하고 있다. 참으로 감동적인 이야기다.

그 이야길 듣고 나는 식당을 개업하려면 이것만은 내가 전국 최고라는 아이템을 개발해야 한다고 충고한다. 10년을 연구하라!

# 비장된 괴력을 발휘하라

초고령 신인류는 작은 일에도 쉽게 완전히 소진되는 번아웃burn out 상태에 빠지기 쉽다. 기력도 체력도 다하는 것이다. 더 이상 한 걸음도 더 나아갈 형편이 안 된다. 모든 것이 자기 마음대로 움직여주지 않는다. 거기다 지병까지, 여기저기서 심신을 괴롭힌다. 용돈도 변변찮고 찾아갈 친구도 하나둘 떠나고 가족들도 뿔뿔이 흩어졌다. 그래도 매일 나들이를 한다지만 바람 부는 광야에 혼자 내몰린 텅 빈 심경이 될 때가 많다. 그럴수록 상황 판단을 잘해서 내가 할 수 있는 길을 찾아 현명하게 대처해야 하는데, 문제는 아무리 힘들고 괴로워도 싫고 좋고를 떠나서 우리가 이 고비를 피해 갈 길이 없다는 것이다. 언제일지도 모른다. 80세를 넘으면 이 운명의 고비는 언젠가 찾아온다. 느리게 혹은 갑자기 찾아온다. 참 힘들고 서러운 시기다. 그럴수록 생각을 잘 가다듬어 이 고비를 현명하게 넘겨야 한다. 최후의 힘, 복구력을 발휘해야 한다. 지난날을 생각해보라. 어려운 시기도 많았다. 넘어지기도 하고 무너지기도 한 우리의 지난 인생이 아니던가. 그래도 우리는 용케 버티고 넘어지면 다시 일어섰다.

우리는 절체절명의 순간에 누구도 믿지 못하는 괴력이 발휘된다. 그 힘을 믿어야 한다. 힘은 누구에게나 비장되어 있다. 단, 언제나 발휘되는 것은 아니고 죽음을 앞둔 위기 상황이라는 절체절명의 순간에 발휘되는 신비한 힘이다. 당신에겐 지금이 그때다. 신비의 괴력은 비상시가 아니면 발휘되지 않는다. 인생을 진지하고 충실하게 사는 사람에겐 삶의 무게가 다르다. 포기하지 말고 열심히 하루를 살아야 한다. 괴력이 아니라도 우리가 일상에 경험했던 복구력을 믿고 발휘하라.

위인들의 명작이 탄생한 배경은 비참한 시련의 고비에서 이뤄진 것이 적지 않다. 소설이든 그림이든 음악이든 힘든 시련과 고통 속에서 세계적 명작이 탄생한 것이다. 그러기에 우리에게 더 큰 감동으로 다가오는 것일지도 모른다. 마지막 그 고난의 10년 속에서 위대한 세계적 명작이 탄생한 것이다.

반 고흐의 그림을 보고 있으면 보통 사람이 보통의 정신으로 그린 게 아니라는 생각을 누구나 하게 된다. 남불의 뜨거운 태양보다 더 강렬한 그림이다. 지금은 세계 최고가로 거래되고 있지만, 그의 생전은 그림 한 장 팔리지 않는 비참한 생활이었다. 다행히 화상을 하는 동생의 도움으로 근근이 생활을 이어 나갔다. 끝내

정신 병원에 입원하게 되어서도 그의 그림에 대한 열정은 식지 않았다. 그가 그린 밤하늘의 별들은 너무 강렬해서 하늘이 무너져 내릴 것 같다. 그의 해바라기는 온통 지구를 불살라 집어삼킬 것 같다. 한마디로 그의 작품에는 보통 사람으로선 흉내도 낼 수 없는 강렬함이 있다. 그에겐 천재적 괴력이 비장되어 있다. 화폭 앞에 앉으면 그 괴력이 유감없이 발휘된다. 그에겐 우리가 걱정하는 최후의 10년이 최고의 10년이 된 것이다.

그처럼 최후의 10년이 자신의 천재성을 마음껏 발휘하는 창조의 날들이 될 수도 있는 행운아도 있다. 그런가 하면 아무런 빛도 못 보고 이름 없이 사라져간 보통 사람도 많다. 어느 쪽이든 천재성이 발휘되었다면 그 사람의 힘만이 아닌 무언가 보이지 않는 큰 힘이 그를 밀어준 것이다.

조용한 바다에 떠 있는 돛단배를 생각해보자. 이 배는 바람이 불지 않는 한 움직이지 않는다. 자신의 힘이 아니고 자연의 위대한 힘이 붙어야 비로소 배는 앞으로 나아가게 된다. 그렇다고 넋 놓고 바람이 불 때까지 기다려선 안 된다. 언젠간 불어올 바람에 대비해 돛을 달고 만반의 준비를 해야 한다. 그리고 바람이 불면 지체 없이 그 바람을 타야 한다. 이때야 비로소 그가 할 수 있는 최대, 최고의 힘이 발휘될 수 있다.

사람, 별것 아니다. 당신이 위대한 일을 했노라고 들떠 있을 적에도 그것은 당신만의 힘으로 이룬 것이 아니고 무언가 보이지 않는 힘이 밀어준 덕분이다. 빅터 프랭클은 그의 명저 『죽음의 수용소에서』에서 알피니스트 슐타이스의 기적 같은 생환기를 적고 있다. 그는 로키산맥의 등정을 마치고 내려오는 하산길에서 눈 폭풍을 만난다. 눈 속을 뒹굴다 어느 순간 정신이 돌아온다.

'내려가야지.'

그에겐 이 순간 아무 생각이 안 나고 오직 하산만이 전부였다. 몰골이 말이 아니지만 이대로 밤을 지새울 순 없었다. 내려가야 한다는 일념에 몸을 일으켜 세웠다. 그런데 이게 웬일인가. 만신창이가 된 몸이 하늘을 날 것 같이 가볍고 아픈 데도 없었다. 그는 거짓말처럼 하산에 성공했다. 생각할수록 도대체 그 괴력이 어디서 나왔을까 이해되지 않았다. 프랭클은 인간이 절체절명의 순간에 처하면 그런 괴력이 발휘된다고 봤다. 만약 이런 힘이 평소에도 발휘된다면 우리는 못 할 일이 없을 테지만 보통 상태에서는 그 비장된 괴력이 발동되지 않는다.

아메리칸 인디언은 이런 힘을 'Something Great', 자연의 힘, 우주적인 힘으로 설명한다. 불교적으로는 타력他力으로 설명하기도 한다. 내가 큰일을 이뤘다고 해도 그것은 내 힘이 아니고 남의 힘, 타력이 도운 것이라는 논리다. 프랭클은 인생의 의미를 터득했을 때 이런 괴력이 발휘한다고 설명한다.

### 내가 경험한 절명의 순간

내게도 이런 순간이 있었을까? 길지도 짧지도 않은 생애를 조용히 훑어봐도 내겐 그런 기적 같은 일이 일어난 기억은 없다. 거장들의 이야기를 읽으면서 역시 난 그 대열에 들 순 없는 '작은 인간'에 지나지 않는다는 사실을 인정해야 했다. 기분이 좋을 리가 없다. 내게도 그런 순간이 있었다면 이 졸저를 쓰면서 제법 균형 있게 괜찮은 구석도 쓸 수 있었을 텐데.

그런데 최근 내게도 이상한 사건이 벌어졌다. 거장들의 그런 거창한 체험과는 좀 다르긴 하지만 나로선 도저히 있을 수 없는 일이 벌어진 것이다. 지난 음력 설 다음 날이었다. 정확히 말하면 2022년 2월 2일 아침이었다. 그간 밀린 유튜브 촬영을 마치고 스튜디오를 나와 카페로 이동하느라 길을 걷고 있었다.

그런데 아뿔싸, 바로 앞에 있는 제법 높은 계단을 못 보고 발을 헛디뎌 그대로 넘어진 것이다. 정말 순간이었다. 어디 짚을 새도 없이 마치 개구리가 펴지듯 앞으로 뻗으며 넘어졌다. 눈에 불이 번쩍 켜졌다. 몇 걸음 앞서가던 비서가 재빨리 돌아와 내 안위를 살폈다.

이 덩치가, 80kg 거구가 머리와 얼굴 그리고 전신 그대로 콘크리트 바닥에 박치기한 셈이다. 얼굴은 다음이고 머리를 다치지 않아야 할 텐데 하는 생각이 순간 떠올랐다. 부축받아 겨우 땅바닥에 앉았다. 내 얼굴이 아주 묵사발이 된 줄 알았다. 그런데 이게 웬일인가. 그렇게 심하게 넘어졌는데 왼쪽 눈썹에 피가 한두 방울 난 것이 전부였다. 온몸을 훑어봐도 부러진 곳이나 다친 곳이 없다.

훌훌 털고 일어나 보니 모든 게 멀쩡했다. 양복에 먼지도 안 묻었다. 아픈 곳도 없다. 다시 넘어진 계단을 보니 아찔하다. 저기서 그대로 떨어졌는데 어째서 이럴 수 있을까? 이건 정말 이상한 일이다. 내 맑은 정신으로선 도저히 이해되지 않는 그야말로 초인적인 사건으로밖에 표현할 길이 없다. 마치 아무 일 없었던 듯 털고 일어나 카페로 들어갔다. 아무 문제 없이 그날의 일과를 소화하고 이튿날 지방 출장도 다녀왔다.

이것이 그날 사고의 개요다. 바쁜 하루가 지나고 평소처럼 새벽 일찍 일어나 다시 몸을 살펴봤다. 역시 찰과상 한 군데도 없었다. 눈썹 속이 약간 다쳤지만, 그것도 겉으로 티가 나지 않았다. 전날 넘어졌던 곳으로 새벽 산책을 갔다. 그 계단에 올라서 다시 넘어지는 시늉을 해봤다. 그러고도 멀쩡하다니 도저히 설명되지 않았다. 이것은 분명 나에게 주는 메시지다. 종교인이라면 거창하게 신의 계시니 하는 이야기를 할 것 같다.

실은 난 요즘 그간 운영해온 세로토닌문화원의 거취에 대해 깊이 생각하고 있었다. 그간 전폭적인 지원을 해주던 후원이 올해로 마감되기도 했지만, 무엇보다 내 나이 90세에 NGO 운동을 계속하기엔 어깨가 너무 무거웠다. 그만두고 후계자에게 물려주자.

몇 년 동안 생각해왔던 구상이지만 누구도 맡을 사람이 없다. 가까운 사람과 의논하다 보면 내가 그만둔 후 저절로 문을 닫게 될 거라는 것이 결론이었다.

이런 고민 와중에 앞서 이야기한 사건의 메시지를 그대로 해석하니 그래도 계속해야 한다는 것이 결론으로 나왔다. 하도 이상한 일이라 나름의 의미를 붙여 이런 근사한 이야기가 되었다. 이것 말고 다른 메시지가 또 있을까. 이런 생각까지 한다는 게 참 나답진 않지만, 나이 탓으로 넘기자.

# 광야에 한 그루 노목老木처럼

길을 가노라면 어느새 새 건물이 들어서 있다. 아! 저 사람들은 일도 잘해서 저렇게 근사한 집을 지을 수 있었겠지. 부럽다. 나는 사무실을 빌리러 이 골목 저 골목 기웃거린다. 벌써 다섯 번을 이사 다녔다. 그때마다 나도 좀 더 여유가 있을 때 NGO 활동을 하는 건데, 후회하기도 하고 저렇게 큰 빌딩을 짓는다면 우리한테 방 한 칸 무상으로 내어줄 순 없을까 하는 생각도 한다. 심지어 빌딩을 지을 정도인데 인색하면 오래 못 산다고 어느새 악담까지 입가에 맺히는 것을 보면 적이 놀라기도 한다. 작아도 내 힘으로 해야지, 저 사람은 공덕을 쌓아 저렇게 좋은 집을 지을 수 있었는데 나는? 잠시나마 헛된 생각을 한 자신이 부끄러웠다. 저 집에는 집에 어울릴 만한 가구도 근사하게 갖춰놨겠지. 그런 생각을 하노라면 우리 문화원이 너무 초라하단 생각이 든다.

그러나 따지고 보면 우리가 가지고 있는 것들의 90%는 없어도 될 것들이란 사실에 다시 한번 놀란다. 옷장의 옷부터 그렇다. 계절별로 몇 벌만 있어도 될 것을 중고 상점을 벌여도 될 만큼 잔뜩 쌓아 놓았다. 아침마다 무엇을 입을까 고민을 한다. 얼마나 부조리한가. 그래도 또 갖추어 입어야 할 경우도 있다. 예식장이나 상가, 아니면 큰 국제 행사에 축사라도 하려면 자리에 맞게 갖춰 입어야 한다. 이것이 사는 것이지만, 한편으로는 사는 데 고약한 사회 관습이기도 하다. 때문에 사람들은 계속 새것을 산다. 골퍼들도 처음엔 싼 걸 쓰다가 동료들과 시합에서 지기라도 하면 그만 새로 나온 병기를 마련한다. 새것만 나오면 무조건 바꾸는 열성파도 있다.

지금까지 누려온 권력이나 실력의 자리를 떠나 바람 부는 광야에 홀로선 노목처럼 혼자 유유히 버티고 선 자세를 배워야 한다. 내가 그린 문인화에 자주 등장하는 광야의 노목은 이런 애달픈 사연이 있다.

가난한 NGO 단체를 끌고 가려면 이런 고민이나 갈등은 각오해야 한다. 그래야 주위 사람으로부터 존경을 받는다. 그게 NGO 정신이다. 그리고 그 정신이 주위 사람들의 따뜻한 정성, 후원의 심성을 자극한다.

## 흙으로 돌아간다

누구나 거쳐 가는 마지막 10년이다. 다만 그게 언제 시작해서 언제 끝날지는 아무도 모른다. 그러나 확실히는 몰라도 대충 어림짐작은 할 수 있는 것이 인간의 지혜요, 능력이다.

마지막 10년을 어디서 어떻게 보내야 하는지를 고민하는 사람에게 나는 단연코 흙으로 돌아가라고 권한다. 우리는 흙에 풀썩 주저앉으면 그지없이 마음이 편하다. 엄마의 품에 안기듯 흙은 언제나 우리를 환영한다. 도시의 산업 세계가 우리를 밀어내도 흙은 언제나 우리에게 편안한 안식처가 되어준다.

뇌 과학에선 이를 '변연계 공명limbic resonance'이라는 아름다운 이름으로 부르고 있다. 우리가 까마득한 원시 시대부터 함께했던 경험을 다시 하면 감성 중추인 대뇌변연계가 본능적, 원시적 반응을 보이기 때문이다. 그래서 이를 원시 경험, 순수 체험이라 부르기도 한다. 한마디로 농부는 은퇴가 없다. 호미를 놓는 날 생을 마감한다. 최근 외국에선 이런 뇌 과학적 원칙에 따라 정원 치료 garden therapy를 하고 있다. 서울 근교에도 아담하게 정원 치료를 준비하는 곳이 있어 기대가 된다. 앞마당이나 베란다에 작은 정원이 있다면 정원을 가꿈으로써 한결 마음이 따뜻해지고 뇌 피로가 풀리는 것을 느낄 수 있다. 식물과의 교감이 이뤄지는 신비스러운 경험을 할 수 있다. 물론 정원 치료는 본격적인 농사일은 아니어서 몸을 가누지 못할 정도가 아니라면 물을 주는 정도는 누구나 할 수 있다.

맨발로 대지를 밟고 서면 대지의 엄청난 기운이 온몸을 감싸 흐르는 것을 느낄 수 있다. 지구상 모든 생명체는 대지에서 솟아난다. 대지는 하늘을 쩍쩍 가르는 번개도 순식간에 잠재우는 엄청난 힘이 있다. 땅을 가꾼다는 것은 지구와의 영적 교감을 하는 것이다. 가문 날 채소밭에 물을 줘보라. 채소가 쑥쑥 자라는 것이 보인다. 무력감, 무능감이 싹 가신다. 잠든 거대한 자연의 힘을 일깨우는 것이다. 나도 뭔가 할 수 있다는 자신감이 넘친다.

정신의학계의 선구자인 프로이트, 융, 메닝거 등 거장들도 정원 치료에 정성을 기울였다. 원시적 본능을 예술로 승화시키는 위대한 작업으로 생각했다. 절이나 수도원 뒤뜰에서는 수도승들이 땀 흘려 밭에서 일하고 있는 모습을 볼 수 있다. '총 대신 삽을!' 산업 사회에 시달린 혼은 정원 치료를 통해 훌륭하게 치유된다.

충격 사건으로 시끄러우면 매스컴에서 난리를 친다. 실은 그보다 더 무서운 살인자가 패스트푸드다. 서구인의 평균 체중이 해마다 늘어나 비만 환자가 30%나 증가했다. 흙과 함께 사는 사람에겐 비만이 없다.

# 저승이 어드메냐

항상 밝고 유머가 넘치는 친구가 있다. 이 친구가 빠지면 모임이 썰렁하다. 얼마간 모임에 안 나오더니 부고가 날아들었다. 동료들 몇이 먼저 와 있고 술도 몇 잔 했는지 장례식장 한구석이 왁자지껄했다. 80세가 넘어서 그랬을까? 장례식 분위기가 전혀 아니다. 간간이 터지는 웃음 속에 제법 홍겨운 분위기다. '그래, 먼저 가! 우리도 곧 따라갈 거야.' 이런 분위기다. 죽은 친구 흉도 보고 재밌었던 이야기도 털어내고 축구부 합숙할 때 여학교 간판을 우리 학교와 바꿔 달았던 유명한 사건도 예외 없이 또 나왔다. 나는 녀석이 꼭 우리 사이에 끼여 있는 것 같은 착각을 했다. 죽음과 삶의 경계가 없는 것 같다. 아직도 자기 죽음에 대한 예감이 없는 친구들은 녀석이 살아 있을 때와 다르지 않은 분위기다.

"이 녀석 지금쯤 저승에 가 있을까?"

교회도 절도 안 나가는 친구의 느닷없는 질문이다.

"저승이 그리 멀까. 죽은 지 한참 됐는데 아직도 저 하늘을 떠돌고 있겠어?"

"이 녀석은 빠르니까 저승도 빨리 갔을 거야. 좋은 자리 차지하려고."

"저승이야 어디나 꽃 피고 새우는 낙원이지. 좋은 자리가 따로 있겠어?"

한참 개똥철학 한바탕 늘어놓더니 모두 일어난다. 귀갓길에 녀석 생각을 많이 하게 되었다. 저녁을 맛있게 먹다 말고 방으로 들어가더니 그게 마지막이었다고 한다. 평소 그 친구답지 않게 조용히 갔다. 늙은 에스키모 영감 생각이 난다. 죽을 때가 되면 동네 큰 잔치를 베풀고 한창 잔치가 무르익어갈 때 즈음 슬그머니 나와 끝없는 설원을 향해 최후의 걸음을 옮긴다. 우리 친구처럼 축복받은 최후를 스스로 찾아 맞는다.

인간은 이 세상에 살다간 흔적을 남기고 싶어 한다. 돼지 꼬리 같은 영감도 죽음을 앞두고는 아주 마음이 느긋하고 푸근하다. 이웃에 많은 걸 베풀고 간다. 평소 인색했던 친구와는 아주 딴사람 같다. 학교 연구비를 내놓는 사람도 있고 교회나 절에도 자신이 가진 것을 남기고 떠나기도 한다. 한데 여기에도 욕심이 작용하고 있구나 하는 생각이 들 때도 있다. 평소에 고약한 인심으로 살았으니 죽을 때 천벌이 무서워 뇌물의 성격으로 많이 내놓는 사람도 있다. 그래도 끝까지 부둥켜안고 떠나는 사람보다야 낫지 않은가.

## 벗을 만들어라

누구에게나 힘든 장수의 늪은 피할 수도 없는 마의 고비다. 내 어린 시절엔 이런 걱정은 없었다. 환갑이나 지내고 어영부영하다가 세상을 떠난다. 그땐 장수가 꿈이었다. 방 안 장식에도 장수를 기원하는 문구가 어디에나 적혀 있었다. 장롱, 이불, 베개, 방석 할 것 없이 장수 기원으로 가득했다. 장수의 늪이라니, 그런 말은 없었다.

우리 아버지께선 환갑 전에 돌아가셨지만, 어머님은 104세에 돌아가셨다. 다섯 형제가 미국에 살다 보니 여기저기 옮겨 다니느라 감사하게도 어머니껜 그리 힘든 마의 고비는 없었다. 한국에는 사촌동생이 둘, 부산에 사는 여동생과 우리 집까지 아홉 집을 돌아다니다 보면 어느덧 한 해가 간다. 할머니가 돌아가시고는 우리 집에 주로 계셨는데 혼자인 시간이 많으셨다. 나도 아내도 집을 비우는 시간이 많고 아이들도 학교생활에 바빴다. 지금 생각하니 어머니는 말동무가 없어 참 심심하고 힘드셨겠구나 싶은 생각도 든다. 어머니는 지팡이, 휠체어를 거부하셨다. 100세가 되던 해 화장실에서 넘어져 넓적다리 골절로 입원을 해야겠는데 부산 딸 집에서 지내겠다 하셨다. 여동생이 약제사라 가톨릭 병원에서 수술을 받고 가톨릭 수양관에서 회복기를 지내셨다. 모두가 얼마나 친절했던지, 골절상은 완전히 나았는데 어머님은 그곳에 그냥 더 계시기를 원했다. 그러던 중 동료 한 분의 폐렴이 옮아 어머니는 병원에 응급 입원한 지 이틀 만에 돌아가셨다.

어머니껜 '고독'이라는 문제가 괴로우셨던 것 같다. 완쾌 후에도 수양관을 떠나지 않고 그곳에서 말년을 보내기로 하신 것을 보면 어머니는 어느 아들네 집에 가도 낮 동안 참 심심하셨겠다는 생각이 든다. 이제야 후회가 된다. 다 갖추었는데 그게 하나 부족하셨다. 낮 동안 얼마나 적적하셨을까 생각하니 마음이 아프다. 나중에 알게 된 이야기지만 어머니께선 내가 쓴 칼럼이며 기사, 그 많은 책까지 다 읽으셨다고 한다. 궁금도 했겠지만 적적해서 그 많은 글을 다 읽으신 게 아닌가 하는 생각이 든다.

초고령 세 박자 ①금전(경제) ②건강 ③관계(가족), 이 중 어느 하나가 빠져도 문제다. 고모님, 이모님들이 살아 계실 적엔 우리 집이 큰집이라 가족 행사가 많아 모두가 모이는 날이 꽤 잦았다. 며칠이고 집안이 떠들썩하고 웃음꽃이 피었는데, 어머니께서 워낙 초고령으로 사시는 통에 손아랫사람들이 모두 먼저 세상을 떠났다. 어머니께선 가톨릭 요양원에서 여러 사람과 함께 지내게 된 것이 큰 선물이었다. 어머니께서 돌아가시고 차 한 대를 요양원에 기증했다. 정말 고마웠다. 어머니의 마지막 가는 길, 참으로 친절하고 좋은 벗이 되어준 요양원에 감사의 염을 담아.

나는 기회가 있을 때마다 관계 형성의 중요성을 역설하곤 했다. 슬리퍼 차림으로 가도 흉 안 볼 친구가 셋은 되어야 한다. 그리고 사회적 관계도 여기저기 의미 있는 일을 할 수 있는 단체와 연을 맺어놓아야 한다. 인생 말년에 고독만큼 무서운 병도 없다.

언젠가 친구가 어머니의 남자 친구나 재혼을 생각하고 말씀드려 본 적이 있느냐고 물었다. 나는 정신이 번쩍 들었다. 생각도 못 해본 일이다. 사대부 집안에 6대 종손댁이 재혼이라? 당시엔 상상조차 할 수 없었던 시절이었다. 하지만 '한 번 권해보기나 할걸' 하는 생각이 후회와 함께 간절하다.

# 양생養生의 시대, 신시대의 의료

건강은 목숨보다 중요하다. 사람은 죽음을 전제로 태어난다. 사는 역사는 죽음의 역사다. 죽는 날까지 그대로 안 아프고 지낼 수 있다면! 병원 근무를 하다 보면 아픈 사람이 왜 그리 많은지 한탄할 때가 많았다. 건강한 사람이 없다. 늙는다는 것은 무너지고 있다는 뜻이다. 엔트로피가 진행되고 있다는 의미다. 아름다운 노년이니 화려한 노년이니 그런 소리는 믿지 마라. 인생의 종말은 비참한 것이다. 각오해야 한다.

나는 평균보다 훨씬 오래 살았다. 이젠 죽는 일만 남았다. 아프고 거동도 힘든 상태에서 죽지 않았으면 한다. 기분 좋게 웃으며 지인들에게 잘 있으라는 인사와 함께 죽었으면 한다. 최근엔 그렇게 편안하고 품위 있는 죽음을 위해 치병治病보다 예방, 즉 양생養生을 위해 힘을 쏟고 있다. 양생은 흔히 쓰이는 말이 아니다. 그러나 앞으로 의학은 치료보다 양생이다. 병원도 양생 병원으로

탈바꿈할 것이다. 인도가 양생의 원류다. 중국은 도교가 양생을 종교 차원으로 끌어올렸고 일본도 백은 선사 등이 전인적Holistic 의학을 제창했다.

지난 19~20세기를 치료의 시대라고 정의한다면 21세기는 단연 양생의 시대라 규정할 수 있다. 병원은 병이 안 걸리게 사람을 보살피는 곳으로 양생의 성지가 된다. 현재는 양생과 치료 사이에 깊고 어두운 강이 있지만, 앞으로 양생의 시대가 될 것이다. 그렇게 되면 장수의 늪을 건너기가 한결 수월해질 것이다.

초고령 신인류의 출현이라는 표현을 썼으니 신인류에 대한 새로운 의료 풍토가 마련되어야 하는 게 아닌가 하는 생각을 하게 된다.

병이라면 걸릴 수도 있고 안 걸릴 수도 있다. 걸려도 아주 가볍게 혹은 주사 한 방으로 좋아지는 사람도 있다. 난 여기서 완치完治라는 말을 쓰지 않으려고 한다. 의학적으로 좀 까다롭게 정의한다면 병이 난 이상 완치란 없다. 바닥에 쏟아진 물처럼 손상을 입은 조직이 원상 복원된다는 것은 의학적으로 불가능하다. 치료란 완치가 아니고 증상이 좀 나아진다는 뜻으로 알아야 한다.

이야기가 빗나갔지만, 병과 다르게 노老와 사死는 필연적으로 우리가 겪어야 할 인류의 숙명이다. 이제부터 병을 치료한다는 좁은 의미에서 벗어나 근본적인 변혁을 만들어야 한다. 병보다 사람 전체를 연구해야 한다. 면역 공부를 하는 입장에서 노화는 병이라는 생각을 더욱 강하게 하게 된다. 노의 생물학적 연구에서 보면 현재 과학으로 풀리지 않는 문제가 너무 많다. '나이가 들면 늙어 죽는다'는 단순한 도식으로는 안 된다. 사는 방법을 총체적으로 연구함으로써 노를 맞아야 한다.

노를 죽음에 이르는 병으로 단순화시키지 말고 '죽음에 이르는 미지의 길'로 봐야 한다. 이런 측면에서 본다면 앞으로의 병원은 치병 의학에서 탈피, 양생으로 바뀌는 시대가 온다. 즉, 예방의 시대이자 신시대의 의료다.

사람의 생활 전체를 연구하는 자세, 즉 전인적 의료관이다. 전체적인, 포괄적인 조화이자 몸과 마음 그리고 영혼의 삼위일체의 균형을 중시하는 전인적 의료여야 한다. 과학의 발달로 인해 점점 세부적으로 파고들다 보니 몸속 장기에 초점을 맞춘 의학으로 발전하고 있다. 약과 수술을 주된 치료 수단으로 하는 소위 근대 서양의학의 방향이다. 전통적인 서양의학은 몇천 년의 역사가 있지만, 근대 서양의학은 기껏 100년의 역사를 갖고 있다. 그와 동시에 자연 약초에서 인공 화학 합성물질로, 복합적 성분에서 단일 성분으로 변화했다. 전인적 의료 대 장기병변의학으로 분류되어 감에 따라 환자도 병원에서 약을 처방받고 지시에 따르기만 하면 병이 낫는다는 수동적 자세가 된다. 자신이 생각해서 치료하는 능동적 치료를 하는 것이 앞으로 의료가 나아가야 할 방향이 아닌가 싶다.

환자들은 병원에 가서 약만 타면 아주 무능하고 무력해진다. 모든 것을 병원에 의존한다. 하지만 병은 약이 치료하는 것이 아니라 우리가 가지고 있는 자연치유력이 치료한다. 모든 생물은 자기를 치료하는 본능적 힘이 있다. 이것이 생명력이다.

히포크라테스 이래 기원전부터 전해 내려오는 서양의학은 식사, 허브 등 식물植物을 이용한 자연 요법을 주체로 하고 있다. 근대 서양의학은 나타난 증상을 어떻게 억누를 것인가 하는 급성적 병상에는 힘을 발휘하지만, 만성질환이나 근본적 치료에는 힘이 미치지 못한다.

근대 서양의학은 약이라 불리는 인공 합성된 단일 성분을 쓰고 전통적인 서양의학은 천연의 복합 성분을 쓰는 차이가 있다. 단일 성분을 쓰기 때문에 부작용이 잘 나타나지만, 복합 성분을 쓰면 상호 간의 조정 작용으로 이를 줄일 수 있는 이점이 있다. 단, 어느 성분이 유효하게 작용한 것인지 해명이 쉽지 않다. 자연계에서 일어나는 신비스럽고 복잡한 과정은 현대 과학으로선 도저히 풀지 못하는 구석이 많다. 자연치유력은 특별한 마법이 아니다. 모든 생물이면 다 갖추고 있는 본능적인 힘이다. 인생 100세 시대는 건강 수명을 연장하는 예방 의료 시대로 넘어간다. 건강 수명과 평균 수명의 차를 줄여야 한다. 이 나이가 되면 스스로 치료비를 감당할 능력이 없다. 평소에 예방책을 잘 지켜야 하는데 한국인은 예방에 대한 개념이 없다는 게 문제다.

## 지금도 늦지 않았다

인생 최후라는 말을 쓰기가 조심스럽다. 장수의 늪이라는 표현도 끔찍하지만 편의상 그렇게 쓰기로 하자. 우리는 앞에서 신의료가 신인류를 위해 지향해야 할 방향에 관해 이야기했다. 한 가지 증례를 들어보겠다.

### 유전자 검사의 예방적 의미

APOE-4형 유전자가 있다. 부모 모두 이 유전자를 보유한 경우 태어난 아이의 치매 발병률은 50%이다. 그것도 아주 이른 나이에 발병한다. 이 유전자를 보유할 가능성은 미국인(백인) 13%, 일본인 9%라고 하니 한국인도 10%쯤으로 추산된다. 이 경우 적극적인 예방책을 강구해야 한다.

유방암 유전자 검사 후 유명 배우의 가슴을 들어낸 수술이 한동안 세계 곳곳에 화제가 되었다. 그 배우는 다행히 지금까지도 아름다운 여배우로 영화에 출연하고 있다.

최근엔 태아의 유전자 검사를 통해 장애 여부를 미리 진단할 수 있다. 장애 인자가 발견되면 인공 중절될 가능성이 크다. 미국에선 유전자 검사를 통해 어떤 병에 걸릴지를 미리 진단해서 건강보험, 생명 보험 등 보험료 차이를 둔다. 그러나 이것은 신의 영역이지 인간이 함부로 판단할 일이 아니다. 새로운 차별을 만들 우려도 있고 사회적으로도 인권 문제를 비롯해 그 파장이 만만치 않을 것으로 판단된다. 인권 단체에서 조용한 게 이상하다.

최후의 10년이라지만 언제 시작하고 언제 끝날지 누구도 모른다. 가끔 병원에서 "앞으로 6개월, 집에 가서 맛있는 것 먹고 준비 잘하세요"라고 이야기하는 것도 말도 안 되는 소리다. 이것은 의사의 오만이오, 언어폭력이다. 이 말을 듣고 모든 것을 체념하여 주변을 정리하고 산으로 들어간다. 허름한 움막을 손질해 살면서 나물 먹고 물 마시며 산에서의 단순하고 소박한 생활을 시작한다. 모든 것을 체념한 상태라 마음은 편안하다. 그런데 웬걸, 6개월이 아니라 1년, 2년이 지나도 죽질 않아 가족들이 찾아와서 농담할 정도다.

"당신 아직 안 죽었네."

어느 TV 방송국에서 『숲에서 암을 치료한 사람들』이라는 책을 냈는데 내가 감수를 맡았다. 몇몇 사람을 면담해보니 정말 거짓말같이 건강한 생활을 하고 있었다. 10년, 20년 동안 산에서 살다 보니 이런 산 생활이 좋아졌다는 것이다.

요즘 TV에서 〈자연인〉이라는 프로그램이 인기다. 최근 코로나 문제로 산림 휴양이 의학적으로도 큰 의미가 있다. 자연과 함께 살면 항암 세포(NK세포)가 증식한다는 보고도 나와 있다. 숲은 자연치유력의 보고다. 최근 자연 의학에 관한 관심이 높아지는 이유가 여기 있다.

## 영양 의학

최근엔 영양이 우리 건강에 미치는 영향에 관한 연구나 관심이 커졌다. 특히 최근에 유행한 코로나 사태가 면역의 중요성을 깨우치는 데 큰 몫을 했다. 왜냐면 면역의 70%가 장에서, 30%가 뇌에서 만들어지기 때문이다. 코로나가 아니라도 만연하고 있는 생활 습관병의 주된 원인은 우리가 먹는 식사에 달려 있다.

건강한 사람은 음식을 잘 못 먹는다고 큰 걱정을 안 한다. 그러나 해로운 줄 뻔히 알면서 맛있는 것만 찾는 사람도 있다. 그리고 폭식, 포식이 문제다. 특히 최근엔 젊은 층을 중심으로 서구식 식단이 유행하고 있어 더욱더 걱정이다. 특히 패스트푸드는 구미 여러 나라에서도 정크 푸드junk food(쓰레기 음식)로 규탄하고 있지만 빠르고 싸고 맛있어서 건강은 뒷전인 채 유행한다. 아무리 못 먹게 해도 젊은이나 빈곤층은 싼 맛에 찾아 먹는다.

미국에서 한 조사에 의하면 40대에게 건강 상태와 식습관을 물었는데 건강 상류층이라 불릴 만한 사람이 20%, 건강 하류층은 무려 80%에 달했다. 연구팀도 깜짝 놀랐다고 한다. 우리가 지금 영양까지 공부해야 하는 이유가 밝혀진 셈이다. 이렇게 좋지 않은 음식을 자주 섭취하면 40대부터 슬슬 신체 조화와 균형이 무너지면서 비만, 당뇨가 의심되기 시작한다. 하지만 이 정도로는 자신의 건강에 대해 걱정하지 않는다. 별다른 신체적 증상도 없어서 전혀 걱정 없이 지낸다. 몸속은 벌써 균형이 무너져 건강에 문제가 진행되고 있는데도 본인은 까맣게 모르고 지낸다.

우리가 걱정하는 소위 생활 습관병은 크게 5가지가 있다. 고혈압, 당뇨, 암, 간 질환, 그리고 비만이다. 사람이 죽을 때 대체로 이 병으로 죽는데, 문제는 초기에 아무런 자각 증상이 없는 병들이라는 것이다. 조기 검진밖에 알 길이 없다. 40대까지는 특별한 증상이 없지만 조사, 분석해보면 건강 하류층에 속한다. 그대로 생활을 계속하면 50대가 될 때 본격적인 질환 단계로 넘어간다. 지금까지는 미병未病 단계였지만, 이때는 병원에 가서 치료받아야 하는 치병治病 단계로 넘어간다. 지금은 괜찮지만, 미래에는 이대로 가다간 병이 된다는 것이다. 한의학에선 이를 '미병 단계'라는 예쁜 말로 부르고 있다.

우리가 영양학 공부를 해야 하는 이유는 평생을 가는 생활 습관병에 먹거리가 가장 큰 역할을 하기 때문이다. 이 병으로 당장 죽진 않는다. 발달한 의학은 이 정도가 되면 생활에 여러 가지 제약이 따른다. 생활이 잘못되어서 생긴 병이기 때문에 의사들이 까다로운 주문을 한다. 흰 쌀 먹지 마라, 고기 조심해라, 운동해라, 술 먹지 마라. 하지 말라는 주문이 많다. 그럴수록 우리 삶의 질이 말이 아니게 된다. 오랜만에 반가운 친구 만나 술 한잔 못 마신다면 그것은 사는 게 아니다. 그리고 무서운 것은 이렇게 비실거리고 살다간 우리 당면 과제인 장수의 늪에 빠지게 된다는 것이다. 그것도 이른 나이에 아주 심하게 와서 온종일 침대 신세를 져야 하는 와상臥床 중증이 될 수도 있다. 짧게, 그것도 좀 융통성 있게 산책 정도는 할 수 있어야 하는 건데.

중년 이후 적극적인 사교도 안 되고 사회생활에 지장이 많아 출세하긴 글렀다면 사업이 잘될 리가 없다. 건강, 금전, 인간관계, 이 세 박자를 완벽하게 갖출 수 없다. 우리가 40대, 아니 늦어도 50대부터 건강에 유념해야 40~50년 후 장수의 늪을 짧고 수월하게 넘길 수 있다.

알아야 할 것은 대부분의 의사는 영양의 중요성에 대해 일반인보다 더 모른다는 사실이다. 의과 대학에선 영양학을 한두 시간 형식적으로 가르치는 데 그친다. 그리고 의사가 된 후에도 별 관심이 없다. 영양뿐만 아니고 부엌에 들어가 조리법도 배워야 한다. 우리나라에도 얼마 전 영양의학회가 발족하였지만 참여하는 의사는 아직 적다. 최근엔 영양정신의학도 발족을 준비하고 있는데 호응하는 의사가 많지 않다. 의사도 잘 만나야 한다.

## 일을 찾아 해라

내가 하는 일, 참으로 하찮은 일이라도 일을 찾아서 해라. 행동 반경이 제한되겠지만 자기 몸 상태를 보고 거기에 맞는 일을 만들어서라도 해라. 내 몸 하나 감당하기도 힘든데 무슨 일을? 물론 무리가 갈 정도면 하지 않는 게 맞다. 그러나 아주 등지고 나 몰라라 하는 태도는 가족에게도 혹은 한 방에 함께 있는 동료에게도 보여선 안 된다. 나는 생애 현역으로 뛰라는 소리를 강하게 한다. 완전히 뒷방 노인이 되거나 온종일 침대나 지키고 누워 있으면 그건 이미 사회적 죽음을 의미한다. 그러면 정말 주위 사람도 그런 취급을 할 것이다.

노인 병원 환자를 상대로 한 연구에서 직원들이 평가한 건강 척도와 환자 자신의 평가 사이엔 상당한 차이가 있다고 보고했다. 직원들이 보기엔 건강 상태가 너무 심각한 환자라도 본인은 괜찮다고 하면서 직원들 일손을 돕는 환자가 있다. 직원들은 이런 환자를 더욱 가까이하고 존경한다는 말까지 한다. 인간은 나이가 얼마든, 건강 상태가 어떠하든 기력, 체력 그리고 정신력이 자기 마음먹기에 따라 달라진다.

직원이 보기엔 그만하면 이 정도 일을 해줄 수도 있는데 꼼짝하지 않고 누워 있으면 진짜 '죽은 사람' 취급을 한다. 완전히 무시해버리고 미워하기도 한다. 또 이런 환자일수록 불평불만이 많고 요구 사항도 많다. 혼자 할 수 있는 일인데도 직원을 불러내고 전형적인 '안 해준다 족'이 되어버린다. 그럴수록 직원들은 환자에 대해 더 부정적인 감정을 느끼게 된다.

인지장애가 경도를 넘어 상당히 중증 환자로 분류되는 여성 환자가 있었다. 환자는 90대 초반이 될 때까지 그럭저럭 집에서 지낼 수 있었는데 가끔 집을 못 찾아 가족들이 찾아 헤맨 적이 있었다. 아주 엉뚱한 곳에서 발견되어 경찰이 보호했던 일도 있어서 할 수 없이 요양 병원에 입원시켰다. 담당 의사가 깜짝 놀랐다. 아니 어떻게 이런 중증 환자를 집에서 지내게 할 수 있었느냐고 보호자를 나무라기도 했다. 그런데 요양원에 입원한 순간, 그 환자가 집에 있을 때보다 더 완전한 치매 환자가 되어버린 것이다. 갑자기 가족도 못 알아보고 병동 생활도 집에서와는 달리 아주 엉망이었다. 가족들은 입원이 엄마 병세를 더 악화시켰다고 후회했다. 하지만 지금 이런 상태로는 도저히 퇴원은 엄두도 못 낼 지경이라 입원시켜놓고 집으로 돌아오는 길에 가족들이 많이 울었다고 한다.

며칠 동안 완전히 정신없는 행동을 보이던 어느 날, 간호사가 그 환자에게 환자의 세탁물을 찾아서 예쁘게 개는 일을 부탁했다. 워낙 상태가 좋지 않아 간호사들이 조심스레 지켜보고 있노라니 환자는 아주 진지한 표정으로 완벽하게 일을 해냈다. 그다음 식탁 준비도 믿을 수 없이 깔끔하게 잘해놓았다. 아주 맑은 정신 상태가 된 것이다. 정신과에선 이것을 '작업 요법'이라고 부른다. 작업하는 동안 완전 집중을 목적으로 한다.

인간에겐 일하는 본성이 있다. 이 환자가 평소 주부로 지내며 하던 일이라 손에 익어 있던 상태였다. 그 일을 함으로써 정신이 집중된다. 손에 익은 일을 함으로써 환자의 정신 상태가 집중되고 또 그게 다른 환자에게, 그리고 병원 직원에게도 큰 도움이 된다. 이런 환자는 회복이 빠르다.

인간에겐 본능적으로 성취 욕구가 있다. 성취 욕구가 충족되려면 일을 해야 한다. 치매 환자도 평소 자기가 하던 일은 손에 익어 있다. 그 일을 하는 데 필요한 뇌신경 회로는 쉽게 제자리를 찾아 일을 할 수 있는 체계가 갖추어져 있다. 옛날에 갖추어진 기억 체계가 익숙한 일을 함으로써 다시 활성화되고, 일을 함으로써 집중력, 성취감을 맛볼 수 있다. 이로써 환자에겐 무엇보다 중요한 성취 욕구가 자극된다.

정신과 잡지에 실린 이야기 한 토막이다. 한 신경외과 전문의가 조현병으로 입원하게 된다. 환자가 된 것이 자존심이 상하곤 했던 그는 산책 시간에 슬쩍 빠져나가 옛날 자기가 운영하던 병원에 갔다. 그때 마침 뇌 손상을 입은 교통사고 환자가 응급 입원해 그가 수술, 진료에 들어갔고, 한참 뒤 정신병원에서 그를 데리러 왔다. 그땐 이미 수술이 완료된 시점이었다. 함께 온 교통사고 환자 보호자가 깜짝 놀랐다. 아니, 정신병 환자라고? 그러나 걱정 마시라. 그 순간 그는 완전히 의사의 본성으로 돌아와 완벽한 수술을 하는 것이 가능했던 것이다.

일을 해야 하는 이유가 한두 가지가 아니다.

SUPER
AGER

CHAPTER 6

# 액티브 시니어

## 마지막까지 최고의 오늘을 사는 일상의 법칙들

# 초고령 사회 이상적인 모델은?

60세를 전후로 직장을 떠나면 앞으로의 30년, 최소 20년은 어영부영 그냥 보내게 된다. 북유럽이나 미국 사람은 이 나이를 인생에서 가장 멋진 시기로 본다. 그래서 모두 은퇴를 손꼽아 기다린다. 은퇴 후에는 크루즈로 세계 유람을 하는 등 참 화려한 날들을 생각하며 산다. 국민연금이나 은퇴 후 생활 보장이 그런 생활을 뒷받침할 여유가 있다. 인생을 열심히 살아온 것에 대한 보상이다. 그런 생활을 누릴 자격이 있다. 당연히 그런 대접을 받아야 마땅하다. 열심히 일해 번 돈으로 보상용 세금을 많이 내놓았기 때문이다.

하지만 우리 형편은 그렇지 못하다. 뭐니 해도 경제적 여유가 없다. 일부 예외를 제외한 은퇴자들은 대개 새로운 일터를 찾느라 여기저기 바쁘게 기웃거리고 다녀야 한다. 불행히도 새 일터를 찾기가 쉽지 않다. 옛날 자신이 하던 전문직 일과는 격이 너무 맞지 않는다. 자존심이 상한다. 그래도 일거리를 찾지 않으면 안 된다.

젊은이 일자리도 힘든데 이 나이에 마음에 드는 일자리를 얻기란 쉽지 않다. 그렇다고 뒷방에 눌러앉아 지낼 형편도 아니다. 해서, 현역 시절만큼은 아니더라도 하는 일이 있어야 한다. 다행히도 이제 이들에겐 롤 모델이 생겼다. 저 사람처럼 되어야겠다는 선배가 있기 때문이다.

나는 기회가 될 적마다 평생 현역으로 뛰어야 한다는 것을 강조한다. 이럴 수 있는 노인을 액티브 시니어라고 부른다. 웅크려 앉은 소극적인 노인이 아니라 여전히 도전적이고 적극적이고 역동적인 노인이 되어야 한다. 현역 시절처럼 100% 일할 순 없다. 그런 일자리도 찾기 힘들고 내 모든 여건이 허락하지 않는다. 소비도 하면서 파트타임이지만 생산적인 일을 하는 소위 프로슈머prosumer가 되어야 한다. 생산적인 소비자다. 은퇴 후 일자리라면 이게 가장 이상적이다.

난 요즘 내 생활이 참 좋다. 힐리언스 선마을, 세명원, 문화원 그리고 컨설팅 나가는 병원도 몇 군데 있지만, 집 밖으로 나가는 날은 아주 특별한 선택적인 날이다. 여기저기 컨설팅 일을 한다는 게 풀타임 일이 아니다. 집에서 빈둥거리면서 독서, 집필로 시간을 보낸다. 액티브 시니어라 불려도 좋고 프로슈머라 불려도 좋다. 매어 있는 것이 아닌 내가 골라 하는 일이라 전혀 부담스럽지 않다. 장수의 늪을 거니는 초고령 신인류와 같은 나이에 참으로 감사한 마음이다.

# 액티브 시니어의 하루

여기까지 쓰고 보니 '장수의 늪'을 너무 어두운 쪽으로 강조하고 확대 해석한 것이 아닌가 하는 생각이 든다. 비록 힘들기는 해도 우리는 마지막 10년을 잘 견뎌내고 있는 것 같다. 75세 이상의 후기 고령자 90%가 간호 없이 완전 자립하고 있다고 응답했다. 우리 고령자의 특징은 아주 활동적이라는 점이다. 액티브 시니어다. 실제로 70% 이상의 고령자가 '일하고 싶다'라고 응답했고, 쫓아내지만 않는다면 내가 움직일 수 있는 한 계속해서 일하고 싶다고 답했다.

일하려면 무엇보다 건강해야 한다. 워낙 기술의 발전이 상상을 초월하는 수준이라 평균 수명과 함께 건강 수명도 연장되고 있다. 따라서 고령자도 직장에서 일하기가 한결 수월해졌다. 개인별 체력이나 지병의 성질이나 정도에 따라 시간제로 고용하면 노동 인구 감소로 문을 닫게 된 공장에도 큰 도움이 될 것이다.

단, 일하는 직장과 생활하는 곳이 너무 멀면 이동 수단을 생각해 봐야 한다.

일하면 수입이 많아져 소비도 늘어난다. 외식, 여행, 손자 용돈까지 줄 수 있다. 그리고 새로운 문화 창조에 큰 힘이 될 수 있다. 가령 고령자는 아침을 꼭 챙겨 먹는다. 식사 서비스의 수요도 늘어나고 조식 마케팅도 늘어날 수 있는데 그 시장은 아직 열리지 않은 것 같다. 이것을 잘 개발하면 큰 시장이 형성된다. 미국의 교외에서는 아침마다 5~6명의 친한 노인들이 모여든다. 간단한 아침 식사를 하며 즐거운 담소를 나누고, 식사가 끝나면 가벼운 산책을 함께하는 참으로 단란한 모임을 흔히 볼 수 있다.

노인들은 아침잠이 없다. 취미 동호인이나 친구끼리 아침 일찍 카페에 모여 함께 조식을 먹는 단란한 문화가 새로 형성되도록 기업에서도 힘을 써야 한다. 운동도 되고 정말 멋진 하루가 시작될 수 있다. 근처 공원에는 여러 가지 운동 시설도 잘 갖춰져 있다. 가벼운 체조를 하고 숲속 의자에 앉아 짧은 명상을 할 수도 있다. 이런 활동만으로 당신의 삶의 질이 한결 높아진다. 이웃에 새로운 일자리가 생기고, 이런 작은 것들이 모여 한국의 경제 성장에도 큰 힘이 된다.

우리는 얼마 전 세로토닌 5시 클럽을 만들었다. 특별한 수속은 필요 없다. '나는 보통 5시경 일어난다'고 자기한테 선언하는 것으로 회원이 된다.

일찍 일어나면 건강은 물론이고 하루가 생산적으로 변한다. 당장 출근길 러시를 피할 수 있다. 그때는 지하철 빈자리가 넉넉하다. 바빠 못 한다고 엄살 떨지 말고 이 시간을 이용해보라.

# 모험을 해라

우리는 모험을 젊은이의 특권쯤으로 알고 있다. 천만의 말씀. 모험을 할 수 있는 나이는 늙어서다. 젊을 때는 모험하다가 큰 장애를 안게 될 수도 있다. 하지만 노인이 되면 살 만큼 살았으니 좀 다치면 어떤가. 사람들이 소심해지는 것은 그나마 자기가 가진 것을 잃으면 어쩌냐는 걱정에서 비롯된다. 건강도 돈도.

은퇴란 자유다. 진짜 자유롭다. 무엇을 하든 무슨 상관인가. 〈버킷 리스트〉라는 영화가 있다. 입원한 두 영감이 대화 끝에 이렇게 병원 신세를 지다 죽느니 평소 하고 싶은 것을 한번 해보고 죽자며 의기투합, 가족들의 만류에도 스카이다이빙부터 시작해 온갖 모험을 감행하는 참 통쾌한 영화다. 이것이 늙은이의 특권이다. 모험심이야말로 노년에 주어진 빛나는 훈장이며 특권이다. 그런데 실제로는 이런 생각이나마 하는 영감 이야기를 들어본 적이 없다. 가만히 앉아 '안 해준다'라는 불평만 늘어놓는다. 사람들이 자기 생각대로 해주지 않아 불평하는 것이다. 이 말을 자주 할수록 당신이 20대건 40대건 상관없이 노화가 상당히 진전하고 있다는 증거다.

이런 젊은 늙은이에게 하는 충고가 있다. 요리하고 가끔 여행을 떠나라. 요리는 참 창의적인 작업이다. 시장에 장을 보러 가는 데서부터 조리하는 과정, 이 전부가 창조적인 뇌 훈련이다. 여행은 국내도 좋다. 예기치 않은 일이 벌어진다. 임기응변에도 능해야 하고 짐을 챙겨도 이삿짐을 옮기지 않는 이상 불편한 게 많다. 모든 게 불완전하다. 빈 곳은 융통성으로 메꾸어야 한다. 이보다 좋은 경험도 없다. 큰 모험이다.

몇 해 전 나는 제네바에서 학회를 마치고 귀국길에 혼자 스웨덴, 노르웨이 등 북유럽 여행을 한 적이 있다. 이 여행을 하게 된 배경부터 설명해야 할 것 같다. 기자들 면담에 가끔 내 꿈이 뭐냐고 물으면 난처하다. 이렇다 할 꿈이 없기 때문이다. 그러나 난 가끔 낯선 유럽의 해 저문 어느 골목을 어슬렁거리는 내 뒷모습이 떠오를 때가 있었다. 어쩌면 그것이 내 꿈이 아닌가 하는 생각이 든다.

당시 세계 명작은 대개 유럽이 무대였다. 스웨덴의 백야는 잠들 수 없게 만들었다. 스웨덴 다음은 노르웨이 피오르 협곡의 배를 타고 관광 명소로 알려진 베르겐을 찾았다. 비가 부슬부슬 내리는 베르겐 항에 도착해서 머무를 방을 찾았더니 도대체 예약도 없이 여길 오는 사람이 어디 있느냐고 핀잔만 들었다. 대합실 긴 의자를 가리키며 저거라도 빨리 하나 차지하라고 권한다. 배에서부터 '내가 왜 혼자 오기로 했지?' 후회되기 시작했는데, 베르겐에 내려 이 꼴이 되고 나니 더욱 후회가 막심했다. 다시는 혼자 먼 여행을 하지 않겠다고 맹세했다. 이튿날 귀국 날짜를 앞당겨 서울 가는 비행기를 예약했다. 내가 이 이야기를 하는 것은 여행은 좋지만 장거리 나 홀로 여행은 신중히 생각하고 모험을 하라는 충고를 하기 위해서다.

## 회상 요법

장수의 늪은 누구나 쉽게 넘어갈 수 있는 길이 아니다. 그러나 전쟁 세대에겐 그리 큰 장벽도 아니다. 이들은 전쟁의 경험에서 더 잔인하고 혹독한 현실을 만났기 때문이다. 아무리 장수의 늪이 험하고 잔인하다 해도 폭우 속 참호에서 죽어가는 전우를 바라봐야 하는 순간만큼 비참한 것이 또 있을까. 그때를 회상하면 지금 겪고 있는 현실이 그래도 낫지 않은가.

정신과에선 이를 '회상 요법'이라 부른다. 힘들 때는 더 힘들었던 그때를 회상한다. 지금까지 가장 괴로웠던 때를 회상하면 그래도 그때보다 지금이 낫지 않느냐는 소리가 절로 나온다. 미래만 인생이 아니다. 과거에 내가 살아온 삶도 인생이다. 내일을 꿈꾸는 것 같이 어제를 돌아보는 것도 중요하다. 역사가 별것인가. 역사란 시대의 회상이다. 과거를 회상할 수 있다는 것. 이것은 고령자의 특권이다.

나도 그런 말을 더러 했지만 우리는 너무 많은 것을 갖고 있다. 좀 버리자. 좀 단순하게 살자. 그래야 스트레스도 적고 삶의 짐이 가볍다. 그래, 버려야지. 얼마 남지 않은 인생인데 왜 버리지를 못할까. 모든 것에는 과거가 얽혀 있다. 이것을 버린다는 것은 내 과거를 버린다는 것이다. 과거는 곧 내 인생이다. 내 인생의 일부를 버리는 것이나 마찬가지이기에 우리는 잘 버리지 못하는 것인지 모른다.

나치 죽음의 포로수용소에 갇혔던 빅터 프랭클 박사가 동료에게 짧은 이야기를 했다.

"우리는 많은 것을 빼앗겼습니다. 그러나 한 가지, 우리의 화려하고 아름다웠던 과거의 기억은 누구도 빼앗을 수 없습니다."

어려울 땐 힘든 과거를 회상할 수도 있고 즐겁고 행복했던 과거를 회상할 수도 있다. 인간은 악마도 될 수 있고 신도 될 수 있다. 그것은 당신의 선택이다.

내가 당신에게 '추억의 방'을 만들기를 권하는 사연이 여기 있다. 부부 싸움을 하게 되면 이 방을 방문해라. 젊은 날의 회상이 다 모여 있다. 함께 거닐었던 그 젊음의 거리, 함께 본 영화, 즐겨 들었던 음악까지. 어느 샌가 그 꿈같은 세월 속으로 돌아간다. 아까 부부 싸움을 했던 아픈 기억들이 젊은 날의 달콤한 추억으로 바뀐다. 이보다 훌륭한 치료제는 없다.

영국에서 한 실험이다. 70대 노인들을 수녀원에 초대한다. 그리고 그들이 40대로 돌아갈 수 있는 환경을 만든다. 방에 있는 것, 입는 옷, 말씨까지 40대에 쓰던 말버릇을 그대로 흉내 내게 하고, 진짜 40대가 된 착각을 일으킬 정도로 모든 것을 그 시절에 맞춘다. 음악도 그렇고 그 시절에 즐겨 보던 영화 포스터도 있다. 그렇게 1~2주를 지나고 나니 신기하게 사람들이 진짜 40대로 보인다. 걸음걸이도 그렇고 마음도 한결 젊어졌다. 더욱 신기한 것은 혈액 분석 검사에서 노인 혈액상은 오간 데 없고 완전히 젊은이 혈액상으로 바뀌어 있었다는 것이다. 이 실험은 랭거 박사의 이름을 따서 '랭거 효과'라고 부른다.

'추억은 아름답다.'

우리가 흔히 쓰는 말이다. 그 당시엔 참으로 괴롭고 아픈 일이었지만 세월이 지나 생각하니 참으로 아름답고 그리운 추억이 되었다. 인간은 아픈 과거를 미화하려는 강력한 본성이 있다. 또 세월이 약이라는 말도 있다. 정말 아프고 견디기 힘든, 고통스러웠던 일도 세월이 지나면 차츰 치료적 효과를 발휘하여 한결 덜 아프고 덜 괴로워진다. 오히려 그 시절이 그리워지기까지 한다. 이것이 인간의 본성이다.

회상의 방, 추억을 만드는 데는 특별한 기교가 필요한 건 아니다. 옛날 생각이 나게 하는 건 무엇이든 좋다. 자기 사는 방을 그렇게 꾸미는 것이다. 회상의 방 요법은 치매 환자들 재활 치료에도 도움이 된다. 치매 환자는 기억을 잘 못하는 망각증이 가장 큰 장애요 문제다. 추상적으로 머릿속에 남아 있는 기억은 쉬이 잊힐 수도 있지만 회상의 방을 만들어 물리적 자극을 주면 훨씬 회상하기 쉬워진다. 그래서 조금씩 옛날 기억을 되살리면 그 자체로 아주 좋은 치료 효과를 얻을 수 있다.

# 추억 부자

거동이 자연스럽지 않으니 행동반경이 좁아져 혼자 있는 시간이 많아진다. 이 시간을 어떻게 보내느냐에 따라 삶의 충실도가 결정된다. 동적인 시간보다 정적인 시간이 많아진다. 생각하는 시간이 많아진다. 온갖 생각이 다 떠오른다. 모든 게 부족하고 부자연스러우니 부정적인 생각이 떠오를 경우가 많다. 하지만 그런 부정적인 생각에 빠지면 초고령 장수의 늪에서 정말 진흙 바닥을 헤맬 수 있다.

어떻게 보내는 것이 좋겠느냐? 독서가 첫째다. 내 경우도 뭐니 해도 독서가 제일 좋았다. 그다음이 회상이다. 과거에 있었던 아름다운, 화려한 내용이면 더 좋다. 그러다 책을 쓸 거리가 생각난다.

책상 위에 놓인 빵을 보다 문득 그 선생님 생각이 났다. 잊을 수 없는 선생님이셨다. 중학교 2학년, 우리 집엔 잘 방이 없어 삼촌, 형 그리고 내가 청마루에서 자야 했다. 한겨울엔 물그릇이 얼어 터지는 그 청마루에서 형과 삼촌은 공부했고 나는 혼자 덩그러니 있었다. 그때 삼촌이 사 온 세계문학전집을 보물처럼 따로 책장을 사서 보관했다. 할 일이 없었던 나는 그 책을 읽기 시작했다. 제1권이 단테의 『신곡神曲』이었다. 도대체 무슨 소리인지 알 수 없었다. 삼촌이 힐끗 보더니 "재밌어?"라고 물었다. 얼떨결에 "응!" 하고 대답했지만, 그것은 결정적인 실수였다. 이젠 읽지 않으면 안 되게 돼버렸다. 학교에도 그 책을 가져가서 수업 시간에도 읽었다. 작문 시간에 살며시 무릎 위에 올려놓고 그 문제의 『신곡』을 몰래 읽었다. 선생님이 내 책을 뺏을 때까지 옆에 오시는 것도 몰랐다. 선생님은 책 꺼풀을 보더니 아무 소리 안 하시고 돌려주셨다. 야단이라도 맞을 만한데 그냥 조용히 돌려주셨다.

세월이 흘러 미국 유학을 마치고 귀국을 해 모교의 교수직을 맡았다. 여름 방학에 안동여고에서 열린 상담 선생님들을 위한 특강에 초청되었다. 몹시 더운 날이었다. 강연은 뒷전이고 웃기는 이야기로 강당이 떠나갈 듯 폭소와 박수가 가득했다. 최고의 인기 강사였다. 강연이 끝나고도 박수가 계속되는 가운데 어떤 선생님이 앞으로 나와 반갑게 나를 불렀다. 중학교 작문 선생님이었다. 우리는 서로 껴안으며 반가움을 나눴고 교장실에서 몇몇 선생님들과 함께 한참 이야기를 나눴다. 작문 선생님은 나를 소개하면서 시조 한 구절을 낭독하셨다.

학원에 봄이 드니 이 몸이 이리하다(피곤하다). 대수도, 기하도 다 풀기 어렵거늘 하물며 낡은 시조야 지어 무삼하리오.

"이게 우리 이 박사가 중학교 2학년 때 지은 작품입니다."

물론 작품은 아니다. 모작이다. 나도 까맣게 잊고 있었는데 선생님이 기억하고 계신 게 신기하다. 시조를 지으라는데 시상도 아이디어도 떠오르지 않아 장난으로 쓴 것이다. 누구도 쓰는 사람 없이 생각에 잠겼는데 한 놈이 쓰고 있으니 선생님이 신기해서 옆에 오신 것이다. 그러곤 내 글을 들고 나가셨다.

"이 군, 자네는 정말 천재야. 좋은 쪽, 창조적으로 써야 해. 단테 『신곡』은 다 읽었나?"

아니, 그것까지 기억하실 줄이야. 정말 감동적인 순간이었다. 나는 다음 강연장으로 가야 해서 서둘러 나왔다. 선생님은 "점심도 못 먹고 가다니. 가다가 빵이라도 사 먹거라"라며 용돈을 주셨다. 얼떨결에 받아 오는 길에 세어보니 정말 큰돈이었다. 이럴 수가. 나는 그 자리에서 「은사의 빵값」이라는 칼럼을 써서 〈교육신문〉에 실었다. 많은 선생님으로부터 잘 읽었다고 인사 연락을 받았다.

추운 겨울밤, 이런 추상을 하면서 흐뭇한 감동의 파동이 몇 번이고 내 머리를 스치고 지나갔다. 춥다니, 온몸이 후끈해져 온다. 선생님 감사합니다.

# 운동의 효과

75세부터 본격적인 노화가 시작된다. 그렇다고 당장 거동을 못 하는 것은 아니다. 몇 가지 지병은 있더라도 일상은 그럭저럭 해나갈 수 있다. 무엇보다 아직은 내 발로 걸어 다닐 수 있다는 것, 이것만으로도 큰 축복이다. 힐리언스 선마을 프로그램에서 가장 강조하고 있는 항목이 '내 발로 걸어 다닐 수 있어야 한다!'는 것이다.

건강 수명을 늘리려면 무엇보다 내 발로 걸어 다닐 수 있어야 한다. 내 발로 걷지 못한다면 삶의 질이 무너진다. 가족도 힘들고 간병하는 보건소 입장에서도 경비가 여섯 배는 더 든다. 목욕 한 번 시키려고 해도 사람이 셋은 필요하다. 그래서 모든 건강 프로그램은 식후 가벼운 산책이나 운동을 권하고 있다. 노화는 75세 쯤부터 시작되는데, 자기 관리 여부에 따라 80세가 되면 노화의 징후가 확실히 다르게 나타난다. 평소 건강 생활 습관을 지키고 규칙적인 생활을 하는 것이 노화의 스피드를 지연시키고 제한된 범위 내에서 건강 상태를 유지하는 데 결정적인 도움을 준다. 이때(다른 때도 마찬가지지만) 가장 강조하는 습관이 바로 운동이다. 그런데 이것이 제일 어렵다. 그간 힐리언스 선마을을 운영하면서 느낀 것은 다양한 생활 습관 중에 가장 실천이 어려운 것이 운동이라는 점이다. 의사들이 가장 강조하는 소리가 '가벼운 운동'을 하라는 주문이다. 그리고 무엇보다 중요한 것은 계속하는 것이다. 이것도 운동인가 싶은 정도의 가벼운 운동도 계속하는 것이 열쇠다.

평균 수명이 다할 때까지 건강 수명이 함께할 수 있다면 그 이상의 축복은 없다. 평균 수명은 특별한 사정이 없으면 하늘이 정해준 운명대로 살게 된다. 천수를 누린다는 것은 그런 뜻이다. 그러나 건강 수명은 타고난, 운명적인 요소보다 자기 관리를 어떻게 하느냐에 따라 상당한 영향을 미친다. 얼마나 오래 살 것인지와 관련된 평균 수명은 어떤 명의도 확언하지 못한다. 그러나 건강 수명은 우리의 노력이나 관리 능력에 따라 상당 부분 조정이 될 수 있다는 것이 예방의학센터를 운영해온 나의 경험에서 나온 결론이다.

사람들이 바라는 것은 평균 수명이나 장수보다 얼마나 인생을 충실히 살 수 있는지에 관한 건강 수명이다. 건강 수명이 다한 초고령자에게 그 이상의 긴 평균 수명이 무슨 의미가 있겠나. 좀 아파도 꾸준히 운동을 계속하는 사람과 아프다고 운동을 포기하는 사람의 차이는 초고령자에게도 확실히 그 영향이 다르다. 운동의 효과는 나이에 상관없이 나타난다는 것이 건강 의학의 정설이다.

요즘은 운동하기 좋은 신발이 아주 다양하게 나와 있다. 우선 자기에게 맞는 신발부터 구입하는 게 좋다. 단 젊은이가 좋아하는 슬리퍼형의 신발은 발에 무리를 줄 수 있다. 그리고 반듯하게 걷는 습관이 중요하다. 체형이 비뚤어진 사람이 의외로 많다. 체형교정도 되고 걷는 운동 효과가 극대화 되는 신발이나 신발 깔창도 시중에 나와 있다. 이걸 신으면 운동이나 체형 교정을 받지 않아도 반듯한 자세가 되는 이중의 효과가 있다.

# 초고령자의 건강 걷기

평균 수명 83세, 여기까지만 살아도 지병 몇 가지는 갖게 된다. 그러기에 성분이 무엇인지도 모르고 한 주먹씩 약을 털어 넣는 사람도 있다. 이 나이가 되면 제일 중요한 게 내 발로 걸을 수 있느냐다. 요즘은 발달한 과학 기술로 여러 가지 의료기기와 편의기기의 도움을 받을 수 있지만 아무래도 내 발로 자유롭게 걷고, 가고 싶은 곳을 마음대로 갈 수 있는 것과는 삶의 질이 다르다. 본인은 물론이고 가족도, 보건소 직원도 간호하는 데 고생을 많이 한다.

그래서 힐리언스 선마을 프로그램에서는 제 발로 걷기 운동을 아주 중요시하고 있다. 걷기는 모든 건강의 중심이다. 의사들은 어느 분야건 걷기 운동을 권장하고 있는데 생활 습관에서 제일 유지되기 힘든 것이 걷기이기 때문이다. 의사들은 하루에 만 보를 걸으라고 하지만 실제로 그렇게 걷는 사람은 많지 않다. 특히 자가용을 타는 사람들은 절망적인 수준이다. 다시 말하지만 걸음은 건강의 기본이다. 주차를 할 때도 출입구에서 먼 곳에 하는 것을 원칙으로 삼는다. 힐리언스 선마을에선 고객들에게 '주차는 멀리'라고 합창을 시킨다. 식후 20분 걷기는 소화기관의 활동과 혈액 순환을 돕는다. 면역력 증강에도 이보다 좋은 처방이 없다.

장거리 비행기에선 승무원이 한두 시간마다 앉은 자리에서 스트레칭 같은 운동을 권한다. 정적으로 가만히 오래 앉아 있으면 발로 내려가는 정맥혈이 다시 심장으로 돌아오는 데 상당한 제동이 걸린다. 심한 경우 정체된 혈액이 덩어리로 바뀌어 심장이나 뇌혈관을 막아버리면 위급한 상황이 발생할 수 있다.

의사들의 건강상 조언은 대단히 복잡하고 까다롭다. 이 때문에 그렇게 해야 하는 줄 알면서 잘 따르지 않는다. 세계인에게 내놓을 수 있는 화려한 초고령 사회 문화는 잘 걷는 건강한 모습이 제일 우선이다. 짧게 자주 걸어도 건강 효과는 같다. 시간 나는 대로 틈틈이 걷길 권한다. 걸을 만한 날씨가 아닐 때는 방 안에서 제자리걸음 운동을 해도 좋다. 특히 식후 20분 걷기는 꼭 지켜주기 바란다.

# 아침의 신선한 태양

신선한 아침 태양을 받으며 20분만 걸어라. 내가 모든 사람에게 권하는 희망, 건강, 행복의 메시지다. 왜 하필 아침 태양이냐. 긴 설명이 필요 없다. 당신이 해보고 느끼면 된다. 그 화려한 우주 감각에 온몸이 젖으면 아, 탄식 같은 감동의 소리가 절로 나온다. 아침 해가 뜨기를 기다리는 새벽 여명은 생의 환희를 기다리는 순간이다. 이럴 땐 세포 하나하나가 반짝반짝 살아나는 것을 느낄 수 있다. 동녘 하늘의 신비스러운 색깔이 연하게 밝아오고 차츰 투명한 백색이 되어 얇은 구름이 옆으로 길게 늘어선다. 그러곤 차츰 금빛으로 빛난다. 순간 아침 해가 고개를 내민다. 소나무도 바다도 산기슭도, 우주 만물이 생생히 살아나와 장밋빛으로 빛난다.

가끔 낙조에 관한 이야기를 자주 쓰곤 했지만, 아침의 태양 예찬은 처음 쓰는 것 같다. 왜냐면 내 글솜씨로는 새벽 여명에서 해

뜨기까지 이 신비스러운 대우주의 순간을 그려낼 수가 없기 때문이다. 자기를 초월한 거대한 우주의 신선하고 생명력 있는 파동이 온몸을 감싸 흐르는 것을 느낀다. 그 생명의 파동이 밤새 잠든 온몸 세포 하나하나를 깨워 '아! 신선하다, 좋다'고 행복해하는 소리가 들린다. 밖에 나가 아침 해가 잘 보이는 곳을 가는 것도 좋고 방 안에서도 좋다. 나는 요즘 우리 아파트 부엌에서 커피를 마시며 저 한강 너머 떠오르는 아침 해를 맞는다. 신비스러운 감각에 젖어 커피가 넘치기도 한다. 어디서 어떻게 보든 당신이 어떤 상태이든 좋다. 아침 태양을 맞으며 20분만 걸어라. 상황이 여의치 않다면 못 걸어도 좋다. 그냥 아침 해를 바라보는 것만으로 오늘 하루 삶의 환희가 넘칠 것이다.

이런 신선한 자극이 잠든 영혼을 깨울 것이다. 잠이 안 와 뒤척이기만 하던 피곤한 심신에 활력이 넘치는 치료제가 된다. 그러면 당신에게도 새벽 여명이 기다려지는 설렘이 생긴다. 아침마다 가슴 설렘이 있다는 것은 우리 인생에 잔잔한 축복이요 활력소다. 온몸에 생명력이 용솟음친다. 설렘이 없다면 왜 일어나겠는가.

아침엔 설렘이 있어야 한다. 나를 설레게 하는 건 대단한 게 아니다. 나는 매일 아침마다 쥘 르나르의 아침 묵상으로 나를 설레게 만든다.

"눈이 보인다. 귀가 즐겁다. 몸이 움직인다. 기분도 괜찮다. 고맙다. 인생은 참으로 아름답다."

조용한 묵상 속에 이 구절을 읊는 순간 내 가슴 가득 설렘이 넘친다. 그러고는 사놓은 책을 읽거나 친구가 보내준 커피 맛을 생각하노라면 조용히 가슴에 신선한 파동이 인다.

# 지족知足 정신

우리가 살아가는 데 정말 그렇게 많은 것들이 필요할까? 이 생각을 요즘 자주 한다. 행복에 대해서도 우리가 너무 탐욕스러운 것은 아닐까? 지금 주어진 것에 감사하고 만족하며 모자람을 아는 것이 인간적이지 않을까? 이것은 단지 물物에 대한 것만이 아니다. 내면적인 정신의 문제도 마찬가지다. 나는 아침마다 쥘 르나르의 명상 구절을 즐겨 외운다는 말을 앞에서 한 바 있다.

눈이 보인다. 귀가 즐겁다…….

헬렌 켈러 여사 이야기 한 토막.

아침 기상 후 가정부가 숲속을 다녀온다.

"오늘 아침 정원에 무슨 재미있는 일이라도 있었어?"

"매일이 같은걸요."

가정부의 시큰둥한 반응에 여사는 혼자 기도를 한다.

"하느님, 지구상 인류에게 오늘 하루 동안 눈이 안 보이는 축복을 내려주옵소서."

우리에게 보인다는 건 너무도 당연한 일, 거기에 무슨 감사며 감동이랴. 우리는 어쩌면 이런 것들을 당연하게 생각한다. 하지만 잘 생각해보자. 보인다는 건 예삿일이 아니다. 이 중 어느 것도 모자라면 불편하고 불행해진다. 건전하고 건강한 것만으로도 우리는 마음으로 감사하고 만족하며 행복해야 하는 것을. 우리는 족足을 아는 것이 좀 부족不足한 것이 아닐까. 아우슈비츠에서 살아남은 자의 비결을 다시 한번 생각해보라. 극한의 상황을 이겨낸 사람들의 작은 슬기와 지혜를 우리가 다시 학습한다.

우리는 알고 있다. 양복이 아무리 많아도 한 번에 한 벌밖에 입지 못한다. 시간도 마찬가지다. 주어진 시간에 무엇을 할 것인가. 공부, 영화, 운동, 어느 것을 할까. 현명한 선택이 필요하다. 왜냐하면 한 번에 한 가지밖에 못 하기 때문이다. 옛말에 아무리 부자라도 하루 세 끼 이상은 먹지 못한다는 말이 있다. 이것을 알면서도 우리는 욕심을 부린다. 인생 여정에서 우리가 필요한 모든 것을 한 번에 다 가질 수는 없다. 이런 한계가 있다는 것도 잘 이해해야 하며, 거기에 맞춰 살아야 한다.

요즘 우리 문화원에서 강조하는 교의는 선비정신이다. 부족해도 더 바라지 않고 그런대로 사는 것이 선비정신이다. 없는 것을 억지로 채우려고 하지 않고 없으면 없는 대로 인정하고 수용하는 정신이다.

# 호기심과 기다림이 사는 보람을 준다

이것이 삶의 묘약이다. 아무리 작은 일도 재미있게 한다. 묘목 한 그루 심어보라. 자라고 꽃이 피는 것을 기다려보라. 새집을 짓고 겨울 모이를 뿌려놓으면 온갖 새들이 모여든다. 행, 불행은 마음먹기 나름이다.

빅터 프랭클은 나치 수용소의 극한 상황에서 삶의 보람을 느꼈다. 그런 곳에서 어떻게 보람을 느꼈을까? 그는 아주 사소한 일에도 삶의 보람을 찾았다. 밤이 아무리 길어도 아침이 온다. 맑은 날이 있다면 구름 낀 날도 있다. 정신이 붕괴하면 죽음이 온다. 인간은 마음의 존재다. 그 지옥 같은 곳에서 하루 한 가지 유머를 꺼내면 힘없이 웃는다. 사랑은 인간의 실존이요, 최고의 진리다. 희망 없는 수인일 때는 무관심, 무감각이 내면의 사멸을 부르고 스스로를 죽인다. 이것이 인간의 퇴행이다.

작은 보람이 쌓여가면 그것이 삶의 보람으로 이어진다. 난로에 불이 없으면 목적을 잃고 정신이 얼고 붕괴가 일어난다. 작은 화초를 길러라. 꽃을 기다리는 작은 보람에도 즐거움은 크다. 하지만 즐거움에 크고 작은 것이 있나? 인생은 작은 것으로부터의 축적이다. 사는 보람도 마찬가지다.

어느 일본 영화가 생각난다. 이웃집 사모님을 짝사랑한 인력거꾼은 자신의 감정을 입 밖으로 내본 적이 없다. 급여를 그 부인의 이름으로 예금해두고 축제일에 북을 치다가 죽었다. 그의 인생은 역사에 남을 일도 아니다. 서민의 잔잔한 삶이었다. 그러나 그는 전 생명을 바쳐 사랑하며 살았다. 부인의 미소는 그에게 천금의 행복을 안겨주었고 그녀의 웃음이 마음에서 사라지지 않았다. 행사장에서 대기하고 집에 모셔다드리고 인사하고……. 그는 그 순간의 행복으로 만족했다. 그녀를 태우고 달릴 때는 지상의 행복을 느꼈다. 그녀의 미소가 머릿속에서 떠나질 않았다.

세상을 떠들썩하게 한 연애도 많았다. 인력거꾼처럼 이름 없는 사람들의 조용한 사랑도 사랑이다. 그녀를 태워다주고 밖에서 기다리는 동안 이제 곧 그녀를 다시 보겠지 하는 기다림이 가슴을 설레게 한다. 어쩌면 그런 작은 보람과 기다림이 그를 달리게 하는 힘일 수도 있다. 우리가 화단에 꽃을 심어놓고 기다리는 마음과도 다르지 않다. 물도 주고 정성껏 가꾸면서 이제 곧 피어날 그 작은 꽃의 신비스런 순간을 기다린다. 어쩌면 그건 우리 인생을 살찌게 하는 작은 설렘이요, 기쁨으로 이어진다.

## 사회봉사, 왜 하나?

사회봉사는 칭찬 들을 일이다. 희생적으로 하는 사람도 있다. 그러나 잘 생각해보자. 물에 빠진 사람을 보고 앞뒤 생각 없이 찬물에 뛰어든다. 이런 구조 활동을 보고 숭고한 인류애니, 휴머니즘이니 하지만 그렇게 하는 것이 자신한테 편하므로 하는 것이다. 크게 떠들 일도 아니다. 이렇게 해석하는 사람도 있다. 모른 척하고 지나치면 양심의 가책 때문에 마음이 편치 않다. 그러므로 뛰어든다. 이것이 봉사 정신의 숭고한 의미이자 본질을 이야기하는 것이 아닌가?

유럽과 미국의 자본주의 배경에는 세 개의 기독교적 교리가 깔려 있다. 많이 벌어 많이 모아 많이 베푼다. 돈벌이를 열심히 하는 것은 번다는 것 자체가 종교적 수행의 의미이기 때문이다. 세 개의 윤리가 살아 있는 한 자본주의는 성립한다. 베푼 다음 합장하고 머리를 숙이는 것은 감사하고 고맙단 뜻이다. 나를 위해

하는 일이기에!

인도에서는 거지에게 동냥을 줘도 고맙다며 고개를 끄덕이지 않는다. 서운한 기분이 들 수도 있는데 거기엔 인도의 깊은 종교적 의미가 숨어 있다. 스스로 적선을 하는 것이니 자신의 덕이 쌓이고 자신에게 유익하기 때문이다. 나도 가끔 봉사 활동을 부탁받는다. 그런데 아주 강압적인 태도다. 우리가 이렇게 좋은 일을 하고 있으니 너도 하라는 뜻이다. 이렇게 되면 반감을 산다. 자원봉사라는 뜻의 'volunteer'는 라틴어로 '자유의사'란 뜻이다. 그러므로 사람을 도울 때 내가 좋아서 자율적으로 해야 한다. 반강제로 하면 봉사 정신에 어긋난다.

절에 가면 보살이라 부르는 부처의 전 단계에 있는 수행자가 있다. 이들은 불행한 사람이 하나라도 있으면 부처가 될 수 없다. 그러나 지구상에 불행한 사람이 없어질까? 보살도 결국 아미타 여래, 부처가 된다. 불교는 이런 유연한 면이 있어 재미있다. 우리 할머니는 거지가 오면 한 상 차려주고 돗자리를 깔고 잘 자시라고 합장을 하셨다. 여름 홍수에 자원봉사를 하고 온 젊은이가 진흙탕에 흠뻑 옷이 젖어도 재밌다는 표정을 짓는다. 나를 위해 봉사한 것이다. 이것이 훨씬 더 인간답고 자유롭고 어질다는 생각이 든다.

몇 해 전이다. 공식적인 만찬 자리였다. 식사를 하다 말고 오종

남 교수가 나보고 하는 소리, "이 박사, 공자는 70밖에 못 살았기에 인생 교훈을 70까지만 말씀하셨는데, 이젠 장수 시대라 80 교훈도 있어야겠습니다. 이 박사가 80대니까 근사한 인생 교훈 한 마디를 발표하시지요." 좀 당황스러운 요청이란 생각이 들었지만 순간 내 입에서 나온 말은 사은謝恩이었다. 마치 생각을 오래해둔 사람 같다. 지금까지 살아온 것만 해도 많은 사람들이 베풀어주신 덕분인데 이제부터라도 은혜를 갚고 살자는 뜻이다. 즉흥적으로 나온 걸 보면 요즈음 내 생활은 사은을 위한 삶이 아닌가 싶다.

# 엄마의 눈물

바티칸 성 베드로 대성당의 피에타, 십자가 아래 크리스토의 몸을 안고 있는 성모 마리아 조각상. 성모의 눈에 말로 할 수 없는 슬픔이 어려 있어 보는 이로 하여금 깊은 감동을 자아낸다. 예수를 믿어야겠다는 생각까지 하게 만든다. 슬픔 속에 한없이 깊은 사랑이 깃들어 있다.

한국에선 대체로 아버지에 대한 사랑 이야기는 잘 하지 않는다. 부정父情은 이지적이고 강한 이미지다. 어릴 적 다쳐서 울면 아버지는 "그만한 일로 뭐가 아파, 안 아프지" 하고 달래셨고 실제로 우리는 아픔이 싹 가시면서 눈물을 그쳤다. 그러나 같은 경우에도 엄마의 대응은 다르다. "응 그래, 아프지?" 하고 엄마도 아픔을 함께한다. 신기하게 이때도 안 아프다. 효과는 같은데 부정, 모정이 이렇게 다르다.

세상에 누가 뭐라 해도 자식 앞에 흘리는 엄마의 눈물보다 강한 게 있을까. 유치장에 갇힌 아들에게 간 엄마가 건넨 "네가 지옥에 가도 엄마는 같이 간다"라는 말. 이보다 강한 교정어가 또 있을까. 경찰과 대치한 인질범, 서로 총을 겨누는 긴박한 상황에 이윽고 엄마가 나타난다. 총은 아랑곳하지 않고 아들의 이름을 부르며 달려간다. 그제야 아들도 총을 내려놓고 엄마 품에 안긴다.

한참 전에 받은 상담 편지가 떠오른다. 이 엄마는 모든 면에서 훌륭한 워킹맘의 표본이었다. 그런 엄마로부터 받은 상담 편지다. 내용인즉슨, 남편과 별일도 아닌 일로 싸워 너무 어이가 없어 그만 왈칵 눈물이 쏟아졌다. 일단 울음이 터지니 감정이 더 북받쳐 땅을 치고 대성통곡을 했다. 그러나 다음 순간, 초등학생 아들 앞에서 이 무슨 꼴인가 하는 생각이 엄습했다. 지금까지의 강한 엄마, 유능한 엄마 이미지가 무너져 내린다. 세상에 약한 엄마가 된 것이다. 조용히 방으로 돌아간 아들에게 갔다. 깊이 사과를 했다. 하지만 자식 앞에 그런 꼴을 보인 엄마는 너무 미안해 고개를 들 수 없었다. 내 응대는 간단했다.

"어머님, 아주 잘하셨습니다. 잔소리만 하는 엄마, 강하고 유능한 엄마가 땅을 치며 우는 모습은 아이에게 참 좋은 교훈이 되었을 것입니다. 그 아이에겐 일생 잊을 수 없는 일이 되었겠죠. 한 여성으로서, 인간으로서 큰 선물을 안겨준 것입니다. 교육적인 차원에서도 아이에겐 잊을 수 없는 선물이 되었습니다."

선진국에서는 '액티브 시니어'라고 하면 존경과 선망의 대상이다. 나이와 상관없이 노령에도 젊은이 못지않게 열심히 일에 매진한다. 대체로 그전부터 해온 일의 연장이라 자기 하는 일에 대한 애착심이나 이해도가 깊다. 아직도 직장에서 일을 하니까 경제적으로 여유도 있다.

하여 액티브 시니어라고 하면 경제적인 여유는 물론이고 자기 하는 일에도 열정적이며 도전적이어서 대체로 남성을 연상한다. 그러나 이젠 한국도 많이 달라졌다. 여성들도 남자 못지않은 역할을 훌륭히 해내고 있다. 그러면서도 여성으로서의 따뜻함, 유연성으로 인간관계를 부드럽게 한다. 여성이야말로 강온 양면을 겸비한 이상형이다.

# 촌스러운 생각

재미있고 즐거운 사람이 되려면 자칫 점잖지 못해질 수 있다. 중후하고 품위 있고 무거운 사람이 되려면 말을 함부로 하면 안 된다. 입이 가볍다는 것은 경박하고 경솔하다는 뜻이다. 가볍다는 소리를 들으면 안 된다.

심포지엄이란 그리스어로 본래 의미는 많이 먹고 마시고 활기차게 이야기하는 모임을 말한다. 추울 땐 춥다, 더울 땐 덥다고 말하며 떠오르는 대로 말한다. 바람처럼 물처럼 막힘없이 유머를 쏟아낸다. 지난번 로마 문화 여행에서 멋진 여학생 안내원이 우리를 안내했다. 유머 있고 예쁘면서 겸손하고 겸허했다. 이탈리아 사람과 결혼했다고 한다. 순간 샘이 났다. 결혼 생활이 괜찮냐, 시집 식구와 어려운 점은 없느냐 물었더니 그녀의 대답이 좀 엉뚱했다. 가족끼리 모여서 식사할 땐 꼭 유머 한 가지를 준비해야 하는 점이 힘들다고 했다. 그것도 어쩌다 한두 번 준비하면 괜찮지만, 이탈리아 가족들은 모임이 잦다. 유머 재료를 찾기 위해 도서관에도 가고 잡지도 다양하게 봐야 한다고 털어놨다. 관광지를 안내하는 중간에도 그녀의 멋진 유머가 피곤한 우리에게 좋은 치료제가 되었다. 자신은 그림이 전공이지만 유머가 전공으로 바뀌었다고 한다. 정말 멋있는 안내원이었다. 저런 멋쟁이가 한국인이란 사실이 자랑스러웠다.

그러나 한편 아깝다는 생각도 들었다. 한국의 총각들은 어딜 보고 다닐까? 저런 멋진 여성을 이탈리아 가정으로 보내다니. 은근히 샘도 나고 화가 났다. 참 촌스러운 생각을 하는구나. 나는 속으로 웃으면서도 계속 떠오르는 이런 생각을 지울 수 없었다. 그러나 저 여성이 한국에 그냥 눌러앉아 있었다면 오늘 어떻게 변했을까. 생각이 여기까지 미치니 아찔한 기분이 든다. 아깝긴 하지만 이탈리아 물을 마신 덕에 정말 멋진 여성으로 성장할 수 있는 바탕이 된 것이 아닐까. 국제적인 감각까지 갖추었으니 그녀의 지성이 한결 더 완숙해 보인다.

# 오래 쓰니 닳는다

중국 춘추전국시대에 노자라는 위대한 스승이 있었다. 공자도 그 밑에서 공부를 했다. 젊은 문하생 한 사람이 선생님 밑에 사사를 하면서 공부하기를 간청했다. 겨우 입문을 하긴 했는데 그의 의문은 '인간에게 정말 중요한 것은 뭘까?'였다. 이것을 알기 위해 입문하였으나 선생은 거기에 대해 한 마디 언급을 하지 않았다. 오랜 세월이 흐른 어느 날 스승은 "이 나라를 떠난다"라고 선언했다. 제자는 떠나는 스승을 잡고 제발 자신의 의문에 한 마디만 해 달라고 매달렸다. 스승은 입을 크게 벌리더니 손가락으로 입 안을 가리킨다.

"내 이는 있느냐?"

"없습니다."

"그럼 내 혀는 있느냐?"

"혀는 있습니다."

이 짧은 대화를 남기고 스승은 훌쩍 떠나버렸다. 사람의 이는 희고 빛나고 단단하다. 그러나 세월이 흐르니 하나도 남아 있지 않고 다 빠져버렸다. 그러나 평소 이에 가려 잘 보이지 않던 부드러운 혀는 아직 그대로다. 단단한 이보다 부드러운 혀가 더 오래 간다. 스승이 떠나고 나서야 제자는 혼자 무릎을 쳤다.

나이가 들면 우리 몸이 하나둘 닳아 못 쓰게 된다. 늙은 몸은 중고차와 같아서 큰 고장이 아니라도 부품이 닳아 제 기능을 못 하는 곳이 많아진다. 치아만이 아니다. 관절도 그렇게 오래 써먹었으니 닳아 제 기능을 못 한다.

75세를 고비로 본격적인 노화가 진행되면 하루가 멀다 하고 부품이 고장 난다. 닳아 못 쓰게 되는 부품이 많아진다. 그만큼 살았으면 됐다. 거기가 인생의 한계다. 살 만큼 살았으니 가라는 하늘의 뜻인가. 헌데도 발달한 의학은 못 쓰게 된 부분을 거뜬히 고쳐 마치 새것처럼 돌아가게 만든다. 얼른 생각하기엔 어쩌면 이건 자연에 반하는 일이다. 자연의 섭리를 뛰어넘는다. 동물 세계에서는 다리가 불편해 제대로 못 걸으면 곧 죽음을 의미한다. 당장 사냥할 수 없게 되면 죽음을 면하기 어렵다. 그런데 인간의 지혜는 끝이 없다. 부품이 여기저기 고장 났다고 목숨이 다하는 것은 아니다. 살아 있는 이상 고장 난 부품을 수선하고 새것으로 교체하기까지 한다.

인간도 물론 죽을병에 걸리면 죽을 수밖에 없다. 아무리 의학이 발달해도 치명적인 병에 걸린 이상 어쩔 수 없는 것이 현대 의학의 한계점이다. 그러나 사는 이상 불편하지 않게, 건강하게, 편하게, 아프지 않게 잘 살아야 하는 것 또한 진실이다.

# 초고령 사회의 생존 조건(인지력)

무슨 일을 하든 건강이 필수다. 지병 한두 가지 있다고 사회 활동에 지장이 생기는 것은 아니다. 지병은 지금까지 잘 유지되어 왔으니 그 대처법도 익혔을 것이다. 사회 활동을 하기 위해선 무엇보다 건강이 최우선이다. 신체적으로 활동에 지장이 없어야 하고 정신 상태가 반듯해야 한다. 물론 인지적으로도 건강해야 지적이고 창조적인 일을 할 수 있다.

최근엔 100세 건강에 관한 연구가 많이 발표되었다. 인지장애가 없는 사람도 사후에 해부해보면 신경 병리나 알츠하이머와 비슷한 소견을 보이는 경우가 있다. 인지장애는 65세 이후 발병률이 5년마다 두 배씩 증가하며 경증에서 시작하여 종국엔 치매로 발전한다. 기억장애에서 시작되는 인지장애는 심해지면 가족이 애를 먹는다. 정신 혼란으로 집을 나가 방황하거나 귀가하는 길을 잊어먹는다. 그리고 집에 혼자 둘 수도 없다. 화기를 잘못 조작하여 집에 불이 날 수 있다. 증상이 더 악화하면 집에서 모시기 어려워 요양 병원에 입원해야 한다. 이 무서운 질병은 경증일 때 조기 진단하여 예방책을 적극적으로 마련하면 그럭저럭 잘 지낼 수 있다. 뇌 과학에서 추천하는 예방책을 요약한다.

인지적인 자극과 지적 도전, 규칙적인 운동, 금연, 숙면, 명상을 통해서 불안을 줄이고 뇌 영양을 위해 지중해식 식단을 권한다. 이 식단은 유네스코에서 문화유산으로 지정한 것인데, 식단으로선 유일하다. 바닷가니 해조류에 수산물을 섭취할 수 있고 올리브 산지여서 올리브유도 함께 요리에 사용한다. 그리고 특히 강조하는 것은 정신적인 측면이다. 지중해 연안 사람들은 성격이 낙천적이라 식당 분위기가 화기애애하고 즐거움이 넘친다. 느긋한 식사가 끝나면 함께 약 20분간 산책을 한다. 이를 '파세기아타'라고 한다. 가벼운 운동을 하는 동안 소화 대사에도 도움이 되며 면역력 향상에도 큰 도움이 된다.

## 날지 못하는 새,
## 리틀 턴

어느 날 갑자기 중풍 환자가 된다. 사지를 못 쓰게 된 와상 환자다. 누가 도와주지 않으면 침대에서 일어날 수조차 없다. 아무런 예고도 없이 마른하늘에 벼락 치듯 닥친 불행이다. 흔한 교통사고도 마찬가지다. 아무런 예고 없이 찾아온 이 엄청난 불행을 어쩔 것이며 누굴 원망한다고 해도 나아질 리 없다. 병실에는 이런 환자들이 많다. 이런 불행은 인생 어느 때든 누구에게나 찾아올 수 있다. 중풍 환자는 중년 이후에 오지만 사고는 아무 때나 올 수 있다.

얼마 전 미국에서 출간하여 일본에도 번역된 책인 『리틀 턴The Little Tern』은 이름도 잘 알려지지 않은 볼품없고 형편없는 작은 새 이야기다. 하지만 녀석은 마음대로 하늘을 날아다니며 지상의 모든 것들을 얕보기도 하고 우쭐대는 생활을 해왔다. 그러던 어느 날 갑자기 날지 못하게 되었다. 자기 몸을 찬찬히 들여다보며 나름대로 살펴봤지만, 이상은 없었다. 그런데 왜 날지 못할까? 혼자 고민을 해봐도 해결책이 나오지 않았다. 그는 날기를 포기하고 지상의 여느 것처럼 살게 된다.

이 장면에서 우리 한국 사회가 생각난다. 어느 날 회사가 문을 닫게 되면 많은 사람이 리틀 턴 신세가 된다. 한때는 넥타이를 매고 산으로 가기도 했다. 리틀 턴도 어느 바닷가에서 괴상한 게를 만나고 나비도 본다. 모래사장에 피는 꽃도 만난다. 날지 못하는 자기 신세를 원망하거나 탓하는 일도 하지 않고 담담히 날지 못하는 사실을 인정하고 받아들였다. 새가 날지 못하면 지상의 동물들과 다를 게 없다고 생각하고 지상의 괴상한 것들과 잘 지내고 있었다. 그런데 이게 웬일인가. 어느 날 갑자기 하늘 높이 날고 있는 자신을 보게 된다. 와! 녀석은 감동에 겨워 끝없는 하늘을 마음껏 날았다.

못 걷게 된 자신을 탓하거나 화내지 말고 있는 그대로 자기를 인정하고 받아들여야 한다. 이럴 수 있을 때 비로소 마음이 편안해진다. 움직이지 않는 사지를 원망하고 탓한들 소용없다. 이제 와서 어쩔 수 없는 일은 체념하고 받아들이는 길밖에 달리 없다.

# 언제까지나 섹시해야

두 남녀가 만나면 가벼운 설렘이 있어야 정상이다. 어떤 사이든 어떤 관계든 남녀가 만난 이상 설렘이 있어야 그 관계가 진전한다. 설렘이 없다면 그냥 두 사람이 만난 것이 될 뿐이다.

노년의 성은 특히 이야기하기 쉽지 않다. 그러나 대부분 의학자는 본능적 충동은 나이에 관계없이 살아 있는 이상 모두 느끼는 것이라고 말한다. 물론 실행 능력은 젊었을 때와 같지 않겠지만 충동적인 의욕 자체가 사라지진 않는다. 학자들은 나이가 들수록 속기俗氣가 좀 있는 축축한 사람이 인간적이라고 한다. 양로원이나 노인 병원에 근무하는 동료들 이야기를 들어보면 정말 놀라운 사실을 알 수 있다. 남녀의 애증 관계는 젊은 시절과 전혀 변함이 없다는 것이다. 시기, 질투는 오히려 나이가 들수록 더 심각해진다. '그 나이에'라는 말은 절대로 하면 안 된다고 경고한다. 그 나이니까 더욱 뜨거울 수 있다는 것이다.

이런 이야기를 하다 보면 작고하신 권옥연 화백의 생각이 난다. 문화 기행을 함께하는 날은 화백이 던지는 농담 한마디가 좌중에 폭소를 일으킨다. 언젠가 화백은 내게 이런 짓궂은 질문을 했다.

"이 박사는 길에서 예쁜 여성이 지나갈 때 뒤를 돌아보나?"

"그냥 슬쩍 보지 뒤돌아보진 않습니다."

"에이, 그게 뭐야. 난 돌아보기만 하냐, 아주 따라가 수작을 걸지."

그래서일까, 권 화백은 언제 봐도 매력 만점이다.

"이 박사는 그러고도 글이 써지나? 피카소는 화풍이 바뀔 때마다 반드시 여자 친구도 바뀐다네."

그리곤 멋쩍은 웃음을 짓더니

"나도 그러질 못해 그림이 그 모양인가……."

이것이 권 화백의 깊은 매력이다. 권 화백이 미술대학교 교수직을 그만둔 이야기도 생각난다. 자칫 무의식중에 자신의 화풍을 학생들에게 강요할 수도 있고 또 학생들도 그걸 따라 하게 될까 두려워서 그만둔 것이라고 한다. 당대 제일의 화백의 겸손이다. 아! 선생님. 참 그립습니다.

우리는 대체로 배우자 불륜에 대해 아주 날카롭다. 배경은 복잡하지만 한마디로 정의하자면 질투다. '아! 그래. 마누라 아직 매력이 있는 모양이군. 축하한다.' 그럴 수 있는 배포나 아량쯤은 있어야 남자 아닌가. 이건 실제로 미국의 내 지도교수 이야기다. 언젠가는 돌아온다. 정말 자신 만만이다. 이게 잘못되면 아주 치사한 싸움으로 발전한다. 끝내 이혼으로 갈 수도 있다. 잠시 바람에 뭘 그렇게 자기패배적인 생각을 하는가. 마누라 젊어지고 더 매력적으로 된다. 임신할 걱정도 없고…….

SUPER
AGER

CHAPTER 7

# 초고령 사회,<br>위기를 기회로

# 초고령 사회의 산업

초고령 사회의 4대 산업은 ①식食 ②주住(사는 공간) ③이동 수단 ④건강 산업health care으로 이뤄져 있다. 이 시장이 본격화되려면 시민 소비자의 공유라는 의식 혁명이 일어나야 한다.

식食에 관한 이야기는 앞에서도 논의했지만 새로운 시장으로 발전하려면 의식 개혁이 먼저다. 뭐니 해도 건강에 좋아야 하고 맛과 즐거움이 함께해야 한다. 이런 서비스라면 비싸도 소비자들이 이 시장을 두드릴 것이다. 이동 수단에도 혁명적인 변화가 일어나고 있다. 한미 글로벌에서 액티브 시니어를 위한 새로운 주택단지를 만드는데 주차장이 턱없이 부족하다. 지금까지 우리 생각엔 말도 안 되는 설계다. 그러나 기획실에선 주차장이 남을 것이라 단언했다. 공유 경제 덕분이다.

궁극적으로는 양질의 우수한 헬스 케어가 필요하다. 실제로 미국 대학교의 연구비는 80%가 이 분야에 몰리고 있다. 날이 갈수록 기술이 발전해 4차 산업이 성공적으로 발전한다면 그다음 문제는 건강이다. 그리고 치병보다 예방, 양생이 열쇠다. 이젠 병원도 치병보다 양생하는 쪽으로 변화할 것이다.

그리고 또 한 가지 중요한 시장은 해외에 있다. 우리는 초고령 사회의 선두 주자다. 시행착오도 있겠지만 후발 국가에선 우리의 경험과 지식이 필요하다. 우리의 초고령화 산업을 그대로 수출할 수도 있다. 우리는 무역 부분에서 단연 선두 주자로 시장 확보도 잘 되어 있다. 코로나 시대의 열악한 환경에서도 우리 수출은 계속 늘어나 올해는 사상 최고의 무역 흑자를 이루었다. 여기에 우리의 초고령 사회 노하우까지 수출되면 한국의 경제 성장에 큰 촉진제가 될 것이다.

앞으로의 초고령 사회 주역은 단연 초고령 세대다. 소비 시장도 이들이 주역이다. 이들은 이미 다양한 창조력으로 세계 시장을 누비고 다닌 화려한 경력이 있다. 현재는 현역에서 은퇴하고 모두가 뿔뿔이 흩어졌다. 그간 쌓아온 전문 지식이 완전히 사장되고 있다.

각 기업에서 이들의 무한한 잠재력을 일깨울 처방을 해야 하며 현역 시절과는 좀 다른 각도에서 조직화해야 한다. 그럴 수 있다면 엄청난 시장이 된다. 현역 시절처럼 전일제, 밀어붙이는 식의 고용은 안 된다. 이들의 다양성을 인정하고 초고령 사회를 위한 상품과 프로그램을 개발하는 등 창조적인 일을 할 수 있는 터전을 만들어줘야 한다. 이들의 정신적, 신체적 제한을 인정하고 유연성 있는 고용제를 만들어야 한다. 이 모든 것은 우리가 초고령 사회에 진입했기에 가능한 일이라는 사실을 다시 한번 강조한다.

결론적으로 적당한 일자리가 없는 분들께 내가 꼭 권하고 싶은 것은 세계적인 기술을 보유한 중소기업을 찾아보라는 것이다. 쌍수 환영할 것이다. 당신들은 이미 세계 최고의 기술자다. 기업과 합작을 한다면 중소기업의 인력난 해결은 물론이고 세계 최첨단의 기술을 발전시킬 수 있을 것이다. 여러 번 이야기하지만 우리 의료 기기 메이커도 세계적인 기술을 자랑하는 곳이 많다.

바로 며칠 전에도 깜짝 놀랄 일이 있었다. 그전부터 나는 어느 회사의 발전상을 지켜보고 있었는데, 아니나 다를까 어느 날 열린 국제 심포지엄에서 수백 명의 국내외 참석자들로 열기가 뜨거웠다. 고주파 온열 치료기다. 열을 올리면 바이러스 면역력이 오를 뿐 아니라, 지금 유행하는 코로나19에도 탁월한 치료 효과를 보인다는 임상 연구가 속속 발표되고 있다. 이건 참으로 놀라운 일이다. NK세포 활성화가 극대화되면서 면역력 증대는 물론이고 통증 치료, 비만, 미용, 암 치료에도 폭 넓게 응용되고 있다.

한국엔 지금 최첨단 기술을 자랑하는 세계적 기업이 수없이 많다. 그러나 불행히 공장을 돌릴 인력이 부족하다. 우리 젊은이들은 지방의 중소도시 특히 제조업 취업은 아예 손을 내젓는다. 그러나 명심하라. 중고령자에게 더없이 좋은 자리다.

# A세대의 구매력

한국인의 오늘, 평균 수명 83세, 모두 깜짝 놀란다. 고령자는 늘어나고 젊은 부부는 아기를 낳지 않고……. 이대로 가다간 사회복지 시스템이 무너지는 것 아닌가 걱정하게 된다. 돈을 벌 젊은 이들은 자꾸 줄어드는데 돈을 쓸 고령자는 늘어난다. 이러다가 한국 경제가 거덜 나는 것은 아닐까. 앞에서 언급했지만, 고령자를 미워하는 시대가 다가온다.

경제에는 문외한인 내게 무슨 처방이 있는 것은 아니다. 하지만 의료 시스템을 따져보니 경제면에서 성장하고 발전할 수 있는 좋은 기회가 될 수 있겠다는 생각이 든다. 우리의 상상을 초월하는 신기술의 발달로 인해 초고령 사회의 경제 성장에 좋은 계기를 마련할 수 있는 긍정적인 측면도 생각하게 된다. 초고령 사회가 닥치니 그에 대응하는 해결책으로서 말하는 것이 아니다. 고령 사회니까 가능해진 이야기다.

기업 측면에서 보면 시장이 위축되기보다 오히려 늘어난다. 인구 통계표를 보면 젊은 인구는 줄어들고 고령 인구는 늘어난다. 여기에 큰 시장이 형성된다. 내가 강조하고 싶은 것은 고령자의 잠재적 수요를 자극하고 개발하면 엄청난 거대 시장이 형성된다는 것이다. 이 점에서 우리나라 기업은 아직 딴전을 부리고 있다. 전혀 그럴 기미가 보이지 않는다. 고령자를 위한 배려가 없다. 거대한 잠재 시장이 있는데도 못 보고 있다. 서비스로 승부하는 호텔에 가보면 즉각 알 수 있다. 고령자를 의식한 서비스가 거의 없다.

혼사나 각종 행사를 어디서 할 것인가는 여유로운 고령자가 결정한다. 선거를 통한 정치도 마찬가지다. 젊은 피 수혈을 운운하고 난리를 피우며 정작 투표율과 충성도가 높은 고령자 시장은 외면하고 있다. 고령자의 귀가 솔깃할 정책을 들어볼 수 없다. 정치적으로 충성스러운 고령층을 외면해선 선거에 이길 수 없다. 인구 통계표를 한 번만 훑어보면 당장 알 수 있다. 표가 어디에 숨어 있는지.

고령 사회니까 잠재 시장을 일깨우면 여기야말로 블루 오션이다. 이것은 고령 사회니까 가능한 이야기다. 고령자는 다양하다. 다양성을 존중하고 다양한 전략이 필요하다. 거기마다 새로운 시장이 형성된다. 4차 산업혁명이 진행되면 새로운 기술이 등장한다. 새로운 수요에 잘 맞춰 나가는 발상의 전환이 필요하다. 지금까지의 상식은 통용되지 않는다. 새로운 시대, 새로운 기술, 새로운 고령자의 합작품이어야 한다.

금융 전문인 오연석 교수의 설명에 의하면 내가 줄곧 해온 걱정과 달리 고령자층에 상당한 현금 보유자가 많다고 한다. 한국 사회가 경제적으로 잘 돌아갈 때의 주역들이라 저축한 것도 많고 퇴직 후 여러 가지 복지 혜택을 잘 누리고 있는 세대다. 내 걱정은 접어둬도 된다는 이야기다. 정말 다행이다.

# 화려한 초고령 세대 문화를 위해

어둡고 무거운 이야기만 한 것 같다. 하지만 그늘이 있으면 빛이 있는 것이 우주의 법칙이다. 초고령자의 새로운 문화 창조를 위한 제언이다. 지금 당장은 어렵다. 그렇다고 마냥 이대로 초고령 사회를 바라만 보고 있을 순 없다. 이들의 한결같은 소리를 다시 한번 들어보자.

'이렇게 오래 살 줄 몰랐다.' '이런 세상에 살게 될 줄 몰랐다.' '우리에겐 롤모델이 없었다.' '전혀 예상치도 못한 세상이다.' '준비를 해야 하는 줄도 몰랐다.'

그러나 이젠 알 것 같다.

아무런 대책도, 준비도 없이 맞게 되는 초고령 사회. 장수의 늪을 어떻게 현명하게 건너야 할 것인가. 모두 당황할 수밖에 없다. 60세 전후로 은퇴하여 겨우 한숨 돌리고 보니 생활이 막막하다. 젊은이도 어려운데 나이 든 사람의 재취업은 더더욱 쉽지 않다.

겨우 구한다는 일이 자신의 전공이나 경력과는 동떨어진 일이다. 자존심 상한 마음을 속으로 씹으며 출근해야 한다. 그나마도 안 하면 당장 일이 없이 멍하니 있어야 한다는 것이 정말 괴롭다. 그나마 용돈도 아쉽다.

제2의 창업이란 것이 프랜차이즈 사업이다. 하지만 대부분 3년 이내에 문을 닫는다고 한다. 쉽게 할 수 있는 일이라고 시작한 게 쉽게 잘될 리 없다. 사업을 하려면 최소한 10년을 공부해야 한다. 현역에 있을 때부터 준비를 잘해야 한다. 문화 센터에서 이들의 이야기를 들어보면 쉽게 생각한 것이 후회된다고 한다. 난 이런 일은 어느 것도 추천하고 싶지 않다. 그러니 고급 지식과 숙련된 기술을 가지고 해외로 눈을 돌려보자. 현역에 있을 때부터 교역 상대였던 후진국의 언어부터 배워야 한다. 이게 첫걸음이다. 그러면 식사를 대접하거나 받을 일이 자주 생긴다.

친교가 쌓이고 신뢰가 쌓이면 초청을 받을 수도 있다. 전역 후 우리 회사로 와달라는 초대장을 받는 것이다. 우리도 90년대에 선진국 기술자들이 김포 공항에 도착하면 그들을 하늘같이 떠받들지 않았던가. 이젠 우리가 불려갈 차례다. 이들이야말로 세계적으로 인정받는 산업 전사들이 아닌가. 내가 똑같은 이야기를 재탕, 삼탕하는 건 이 길밖에 달리 길이 보이지 않기 때문이다.

하버드대학교 연구에서 발표한 내용이다. 50대에 생산적이고 창조적인 일을 하고 있었던 사람들은 80대가 되어도 그 일을 계속하고 있었으며 직업 만족도나 행복 지수도 일반인보다 세 배 높았다. 이들은 가장 아름다운 노령 문화를 향유하고 있으며 아직 현역으로 일하고 있고, 수입이 있고 후배들을 가르치는 입장이며 새로운 창조물을 계속 발표하는 등 한마디로 후배들에게 부러움과 존경의 대상이 되고 있었다.

내 이야기를 하는 것이 쑥스럽지만, 나는 5년마다 한국 사회가 가장 필요한 것이 무엇일까를 연구하고 주제가 정해지면 그 일에 전력투구다. 지금의 나는 2020년부터 면역 사업에 총력을 기울이고 있다. 함께 일하는 동료들과 정말 즐겁고 행복하다.

강연, 강의는 물론이고 일반 매체도 여기에 집중된다. 요즘은 유튜브나 TV 출연 기회가 있을 적에도 면역에 주력한다.

지금 우리는 방역을 상당히 체계적으로 잘하고 있다. 정부 당국에서도 여기에 집중한다. 그러나 면역에 관한 이야기는 전무하다. 방역이 좀 어설퍼도 개인마다 면역력만 강화되면 감염 위험은 훨씬 줄어든다. 감염이 되어도 아주 가볍게 넘어간다.

# 고령자의 품위

우리가 생각하는 고령자는 가난하고 추하고 약하고 이제 죽을 날이나 기다리는 비참한 세대인 경우가 많다. 물론 그런 노인도 많다. 하지만 고령자도 천차만별이다. 가난? 자신이 평생 모은 자산을 아낌없이 장학 재단에 기증하는 사람들이 한두 명이 아니다. 건강? 마라톤 풀코스를 거뜬히 뛰는 초고령 노인도 적지 않다. 지금도 기업 운영의 최고 책임자로 젊은이를 고용하는 CEO가 많다. 존경과 선망의 대상이다. 젊은이에겐 훌륭한 롤 모델이 되고 있다.

불행히도 우리는 부의 문화가 정착되어 있지 않다. 자칫 젊은이의 빈축을 살 수 있다. 젊은 여성과 재혼하면 쑥덕대는 문화가 아직도 상존하고 있다. 나이가 무슨 상관인가. 서로를 이해하고 아끼고 사랑하는 사이라면 정녕 나이가 문제될 순 없다. 가끔 해외 뉴스에는 나이 많은 부자가 젊은 여성과 결혼한다고 떠들썩할 때가 있다. 그런 능력이 있는 사람이 부럽다.

문화란 다양한 것이 특징이다. 문화엔 선악이 없다. 문화에는 좋고 나쁨도 없다. 서로가 다름만 있을 뿐이다. 우리나라에도 그런 부유층 문화가 있어야 한다. 이런 주장을 강하게 펴는 문화인류학 이희수 교수의 말에 전적으로 공감한다. 그래야 외국의 부호들이 자가용 제트기를 몰고 한국을 찾을 것이 아닌가.

고령 산업 시장이 커진다. 누구도 이 말에 이의를 제기하지 못한다. 그런 시장을 이끌 주역도 고령자여야 한다는 것이 내가 강조해온 논조다. 뿔뿔이 흩어진 은퇴자들은 세계적 보물이다. 하지만 이렇게 흩어진 상태로는 아무런 힘을 발휘하지 못한다. 조합하고 묶어야 힘이 난다. 고령자 우대라는 이야기를 하는 것이 아니다. 한국 경제에 제2의 붐을 일으킬 매우 중요한 자원이자 자산임을 인식하자는 것이다.

한국이 고령자들의 천국이라는 아이덴티티identity를 만들자. 그래서 세계 부호들이 몰려들게 만들자. 한국에 가면 끝내준다는 생각이 들게 해야 한다. 거기에 걸맞은 품격 있는 사회와 문화권이 형성되어야 한다. 노년 세대는 지혜와 활력으로 넘치는 우아한 세대이다. 지금이 그런 문화권 형성에 적기다.

# 품위 있는 대인大人의 최후를 지켜보며
## -사부곡思父曲

아래 글은 한양대 이희수 교수의 애틋한 사부곡이다. 품위 있게 떠나는 고인의 마지막 모습과 부모를 떠나보내는 자식의 모습이 우리 모두에게 좋은 귀감이 될 것 같아 싣는다.

우리 가족들은 아버님이 직접 발품을 팔아 터를 잡고, 미리 벽오동을 심어 두었던 고향 선영에 당신을 모셨습니다. 이곳에 영면하면서 자손들을 굽어볼 것입니다. 1929년생이니 망백望百을 넘어 사셨습니다. 지난해 봄에는 당신이 평생 써온 일기장을 바탕으로 발자취를 가족용 소박한 책으로 출간했습니다. 돌이켜보면 당신의 운명을 미리 예감한 것인지도 모르겠습니다. 실제 몇 달이 지난 후 소화가 잘되지 않는다고 입원한 후, 그 길로 3개월 시한부 삶을 선고받았습니다. 이 기간 동안 당신은 제일 먼저 몇 년째 요양병원에서 의식을 놓고 계신 어머님을 찾아 "먼저 간다. 평생 따뜻한 밥 해주어서 그동안 참 고마웠다"고 작별했습니다. 말이 없고 의식이 없으신 어머님도 눈물을 흘렸습니다. 부부의 연이 이렇게 연결되는 것을 보고 놀랐습니다.

그러곤 집으로 친구와 친지들을 불러 당신의 처지를 알리고 나름의 작별의식을 치렀습니다. 서재에 흩어진 여러 자료들도 손수 정리하셨습니다. 그리고 잘 따랐던 손자, 손녀들을 불러 봉투에 용돈을 쥐여 주셨습니다. 핏줄들에게 주는 사랑이었을 것입니다. 자식들을 불러 모아서는 "항암 치료 하지 마라, 연명 치료하지 마라"라고 했습니다. 평생을 독서인, 고전연구, 종사를 돌보며 사셨고, 생의 마지막도 품위를 잃지 않으려는 것 같았습니다. 실제로 임종 직전까지도 대화가 가능할 정도였고, 현실과 꿈이 섞인 섬망이 오는 가운데에서도 병원 천장을 멍하니 바라보면서 필사적으로 기억을 되살리고자 했습니다. 아마 남아 있는 가족과 먼저 떠난 부모님을 번갈아 떠올리는 것 같았습니다.

하관을 하고 봉분을 올린 산소 앞에서 삼우제를 올린 후, 거짓말같이 겨울비가 촉촉하게 산소를 적셨습니다. 그 옆에 아버님의 옷가지와 주머니에 꽂힌 볼펜을 함께 묻었습니다. 그리고 반길 사람 없는 적적한 아버님 서재에는 포스트잇을 붙인 낡은 책들, 손때 묻은 필기도구, 즐겨 보던 백과사전, 수십 년 동안 써온 일기장, 날짜별로 기록해 둔 어머님의 병상일지들이 주인을 잃은 방 안을 무겁게 누르고 있었습니다.

아버님은 70세가 넘어 배운 워드 프로세스를 이용해 여러 권의 책을 출판하셨습니다. 장성한 자식들을 번거롭게 할까 『만세여정집萬歲餘情集』이라는 한 시집을 출판하실 때는 교열과 교정도 직접 하셨습니다. 그 컴퓨터를 켜보니 바탕화면에는 '사랑하는 며느리에게'라는 제목의 애절한 편지가 결론이 없이 끝나 있었습니다. 운신이 어려운 와중에 필사적으로 시아버지의 마음을 전하고 싶었을 것이라 생각하니 먹먹할 뿐이었습니다.

평생 평범한 가정을 일구시면서 아버지는 어깨에 놓인 무거운 짐을 내색하지 않았습니다. 한 생애가 이렇게 저물어 갑니다. 많은 사람들이 손을 잡아주고 마음을 나눠주며 위로해주셨습니다만, 고자孤子가 된 저희들은 불효가 막심하게 밀려옵니다. 다행히 종중의 유림들은 긴급히 종회를 열고 아버님을 사표師表로 삼겠다고 하고, 신위神位를 학생부군學生府君에서 선생부군先生府君으로 쓰기로 결정했습니다. 그러나 저희들에게는 북한산 계곡에서 물놀이하던, 광화문 국제극장에서 〈미드웨이〉 영화를 보고 명동 칼국수를 사주시던, 엄하면서도 자애로운 아버지로 오래 기억될 뿐입니다. 언제나 하늘에서 굽어 살펴줄 것이라 믿습니다. 이제 설날이 오면 더는 "손에서 책을 놓지 마라手不釋券", "무실務實하라", "물러나 앉을 줄 알아야 한다半日靜坐" 자식들의 부족함을 일깨워주고 덕담을 해줄 아버님의 부재를 더욱 절절히 느낄 것입니다. 이 글을 쓰는 컴퓨터 자판 위에도 하염없이 눈물이 떨어집니다.

의료인의 귀감으로 헌신적으로 보살펴준 한양의대 이항락 교수님, 아버님 가는 길에 함께 손을 잡아주고 곁을 내주신 분들, 이국에서도 위로를 전하셨던 분들, 이렇게 보낼 수는 없다고 노제에서 엎드려 울면서 아버님을 사모했던 모든 분들께 감사의 인사를 드립니다.

2021년 1월 22일

희수熙秀, 희재熙在, 희옥熙玉, 민희敏熙 올림

참 교훈적이고 품위 있는 죽음이 아닌가. 사신私信을 이 책에 싣는 것을 허락해주신 이 교수에게 감사드린다.

# 고령자 소비 패턴의 다양성

우리가 흔히 하는 말에 젊을 때는 돈이 없고 중년엔 시간이 없고 노년에는 체력이 없어 못 한다는 말이 있다. 고령자는 지나온 세월만큼 참 다양한 얼굴을 갖고 있다. 특히 젊은이와는 좀 다른 특색이 있다. 다양성에 따라 소비 패턴도 다양하다.

돈이 없어 못 하는 경우도 물론 있다. 그러나 지금의 한국 노인 세대는 절제하면 일용으로 쓸 만큼의 경제 상황은 된다. 젊은 시절에 하고 싶어도 못 해본 서비스에도 돈을 쓰고 새로운 것을 살 수도 있다. 아니면 어느 날 갑자기 해보고 싶은 것, 갖고 싶은 것에 도전할 수도 있다. 이 시장만 잘 살펴 공략해도 한국 경제 성장에 큰 도움이 될 수 있다.

젊을 때부터 즐겨 했던 것은 늙어도 습관적으로 계속할 수 있다. 다만 좀 다른 것은 건강에 좋아야 한다. 젊을 때 소비와는 이 점이 다르다. 젊을 때는 건강에 신경을 쓰지 않지만, 노년엔 일단 건강에 좋아야 한다. 값이 좀 비싸도 건강에 좋고 맛도 있고 멋이 있다면 그걸 선택한다. 소비가 한 단계 위로 고급화된다. 먹는 것뿐만 아니라 걸치는 옷이나 구두도 좀 더 고급스러운 것을 선택한다. 혹은 아주 특급으로 선택할 수 있다. 차를 구입하는 경우에도 외제차 같은 최고품을 고를 수도 있다. 큰 각오가 필요하지만 어떤 의미에선 한풀이가 될 수 있다. 이번 코로나 사태 이후 생긴 한 가지 특징은 갑자기 거리에 외제차가 불어났다는 것이다.

고령화가 진전되면 단독 세대가 증가한다. '혼자'용 상품이 벌써 인기 품목으로 등장했다. 특히 고령자 시장 공략을 위해서 항상 염두에 두어야 할 것은 건강과 맛이다. 고령자는 주중에도 오기 때문에 빌딩이나 시설 이용도가 늘어나 기업으로선 큰 이득이다. 간호 서비스, 가사 도우미, 건강 지킴이 등도 다양하게 발전하고 AI, 로봇 산업도 고령자 시장의 주 고객으로 등장한다. 한 가지 유념해야 할 사항은 최고령자는 자기가 노인이라는 의식이 없다는 것이다. 따라서 실버 제품이라고 내놓으면 잘 팔리지 않을 수 있다. 자신은 노인이 아닌데 노인용이라니, 외면할 수밖에 없다.

그러고 보면 고령에도 젊은 패션을 즐기는 사람이 많다. 차츰 상품에 세대 차도 없어지는 추세다. 고령자는 시간이 많아 새로운 상품이나 취미 활동 등 정보 수집에서 젊은이를 압도한다. 고령자용으로 출시된 신상품이 젊은 세대에도 유행으로 번질 수 있다. 또한 앞으로 먹거리가 중요하기 때문에 농수산부가 바쁘다.

기능성 식품, 건강식품도 인기다. 여기에는 맛도 중요하지만 즐거움도 함께할 수 있어야 한다.

젊은 고령자, 베이비부머 세대도 포함해서 이들은 모라토리엄 세대로서 새로운 문화를 창조해온 기수다. 모라토리엄은 은행 경제 용어다. 채무자가 천재지변을 당하면 당장 빚을 갚을 수 없으니 채무를 다소 연장해주는 특혜 조치다. 오늘의 젊은이는 하루빨리 졸업, 취업해서 부모에게 진 빚을 갚아야 한다. 하지만 실제는 어떤가. 빚 갚을 생각이나 하는지 모르겠다. 그럴 생각조차 하지 않고 당장 자기 필요한 것부터 챙긴다. 대학 졸업도 모자라 대학원, 외국 유학 등 빚 갚을 생각이 없는 것 같다. 그러면서 이들이 새로운 시장을 선도하고 있다. 이런 사회 심리를 모라토리엄 문화라 부른다.

문화는 사회 변동에 따라 거기에 적응하는 형식으로 형성되는데, 베이비부머 세대야말로 문화가 선행하고 사회 변동이 거기에 맞춰 일어난다. 온 세계를 누비고 다닌 전력이 있어서 그만큼 보는 안목이 높아졌기 때문이다. 이들은 시장의 폭군이다. 모든 상품, 서비스, 취미는 물론이고 영화, 음악, 공연도 이들의 기호에 맞춰야 장사가 된다. 근사하고 젊어 보여야 하고 섹시해야 한다.

이런저런 것 따질 것 없이 우선 고객의 수적 덩치가 고령 사회가 될수록 커지고 있고 따라서 시장 규모도 확대되고 있는 것이다.

# 고령 시장에 공유를 도입하자

노인들은 대체로 보수적이다. 새로운 변화를 싫어하기 때문이다. 새로운 것에 적응하려면 상당한 융통성과 유연성이 필요한데 노인 세대는 이게 부족하다. 이런 측면에서 꼰대라는 별명이 따라다닌다. 노인 모임은 대체로 경직된 분위기가 주류다. 도전적인 기업가라면 이 점을 노려야 한다. 역을 역으로 치는 방법이다. 특히 자산 운용엔 경직성으로 인해 노인의 경제생활에 큰 도움이 못 된다.

요즘 벌이는 없는데 부동산 하나 가진 것에는 엄청난 세금이 나온다. 가히 폭탄 수준이다. 노인은 대체로 자기 사는 집 한 채는 가지고 있다. 아이들이 자라 집을 나가면 큰 집이 텅 빈다. 이걸 잘 활용하자는 것이다. 일본에 '미사와 주택'이라는 회사가 있다. 평범한 건설 회사지만 기발한 아이디어로 일본 최고의 주택 건설 전문 회사로 거듭났다. 그의 성장 배경이 책으로 나와 있다. 건설

업을 하는 사람이 아니라도 한번 읽어보길 권한다. 그의 창의적 머리가 오늘을 일구어낸 것이다. 도쿄에는 더 이상 새로운 주택을 지을 땅이 없다. 건설 회사로선 밥맛없는 이야기다. 모두 손을 놓고 있는데 미사와 사장은 여기가 승부처인 것을 알아차린다. 헌 주택 소유자에게 이 집을 새로 고쳐 지어줄 테니 이층 방은 세를 주라고 한다. 넓은 주택을 지녀봐야 세금만 나온다. 잠시 집을 비우면 멋진 이층집을 지어주는데, 경제에도 큰 도움이 된다. 이사를 해야 하는 걱정도 새 아파트를 빌려야 하는 일도 일절 걱정이 없다. 회사의 이삿짐센터가 동원되고 출퇴근 차량까지 다 제공된다. 생명 보험 증서와 열쇠만 맡기면 모든 것은 자동으로 해결된다. 이층 방세만 받아도 세금만 내는 집이 수익 창출되는 생산 기지로 바뀐다. 미사와 주택이 그냥 성공한 것이 아니구나 하는 생각을 한다.

이런 공유 개념은 우리 고령자 세대에도 해당한다. 내가 사는 삼부 아파트는 그동안 재건축이냐 리모델링이냐로 주민 투표도 하고 야단법석을 떨었는데 요즘 들어 잠잠하다. 재건축은 기간이 5~6년은 더 걸리는 탓에 그사이 자칫 객사할지도 모른다는 불확실성이 있어 리모델링 쪽으로 마음이 기울었는데, 막상 큰 공사를 하려니 이왕 할 거면 재건축을 하자는 쪽으로 여론이 몰렸다. 그런데 그사이 우리 앞길이 국제금융로로 지정되면서 재건축이 어렵게 된 것 같다. 튼튼하게 잘 지은 집인데 40년을 살다 보니 벽

속 수도관에 문제가 생겨 아주 곤욕을 치렀다.

한국은 공유 경제가 막 시작됐다. 이용자는 편리해서 좋은데 아직 생소한 부분이 많은 문화다. 지금은 주로 사무실, 회의실, 주방 등을 공유하는 시스템이 많고, 자신이 사는 집도 공유하는 시스템은 초기 단계인 것 같다. 부동산이 동산으로 바뀌면 수입이 창출된다. 앞으로는 차도 필요할 때 서로 돌려가며 쓰는 공유 경제가 발달할 것이다. 생활 전반에 걸쳐 이런 유연성이 발동된다면 새로운 시장이 형성된다.

## 헬스 케어

한국의 먹거리는 세계 최고다. 유명하다는 외국 호텔은 어딜 가나 천편일률적이다. 특색이 없다. 세계화, 체인화되면서 점점 특성 없는 밋밋한 식단이 되어가고 있다. 사람들은 최근 K-POP 열풍과 함께 한국 음식에도 맛을 들였다. 전시장엔 원더풀이라는 함성이 여기저기 들린다. 해외에 나가 있는 한국 식당들도 인기다.

한국의 식단은 발효 음식이 중심이다. 특히 면역 증강에 좋다. 한국 인삼은 세계적인 건강 마니아가 애용하는 인기품이다. 내가 관여하고 있는 건강 프로그램은 면역 증강이 주제다. 한때 한국 농산물은 '농약, 비료가 많다'라는 오명이 붙었다. 지금도 크게 개선이 되진 않았지만 최근 건강 마니아들을 위해 유기농, 친환경 농산물이 속속 등장하고 있다. 나노화 기술이 농산물에 적용되면서 농약, 비료를 쓰지 않는 농법이 대세를 이루고 있다. 지자체에서는 이를 위해 국제 행사도 열고 있으며 헬스 케어 운동에 총력을 기울이고 있다. 농약 비료를 쓰지 않고도 잘 성장하는 농산물 개발법이 많이 소개되고 있다. 인공 조미료를 비롯해 인공 화학 물질은 건강에 대적이다.

힐리언스 선마을은 산속에 있다. 리조트에 며칠 쉬면서 힐링은 물론이고 생활 습관 개선, 면역력 증강, 다이어트 프로그램이 진행된다. 그리고 시간 나는 대로 한국의 세계적인 패션 시장을 둘러볼 수 있고 저녁엔 신나는 K-POP 무대를 즐길 수 있다. '젊음과 미 그리고 건강'이라는 우리의 주제가 전혀 부끄럽지 않게 모두 열심히 준비하고 있다. 한국인도 많지만, 최근엔 외국 손님도 많이 찾는다.

여기뿐만 아니고 내가 컨설턴트를 나가고 있는 몇몇 클리닉의 프로그램은 앞으로 세계인의 명소로 알려질 것이다.

우리는 항상 인류 사회복지를 위해 무엇을 할 것인가 끊임없이 연구 개발에 힘쓰고 있다. 특히 최근 면역이 큰 주제가 되면서 미용 건강도 빼놓을 수 없다.

우리는 앞 장에서 건강에 관한 두 가지 측면을 논했다. ①평균 수명 ②건강 수명에 관한 이야기다. 그러나 최근엔 ③미용 건강에 많은 관심이 쏠려 있다. 무엇보다 외모에 관한 관심이 부쩍 늘면서 건강에 제3의 패러다임이 생겨난 것이다. 남녀노소 불문, 젊고 아름다운 외모에 관심이 쏠려 있다. 건강미와 함께 젊고 아름답게 보이기 위한 노력을 많이 한다. 남자도 머리 염색을 많이들 하고 탈모에 모발 이식을 하는 사람도 많다. 신체 전반이 균형 잡힌 체형이 되도록 많이 노력하는데, 건강도 중요하지만 사람들이 보기에 날씬한 체형을 자랑하기 위한 경우도 적지 않다.

여유가 좀 있는 사람들은 줄기세포 시술도 한다. 이 시술은 그간 법 정비가 미흡하여 무작정 금기시되었다가 식약처 고시 제 2011-52호 2조 1항에 의해 2011년부터 최소한의 조작으로 배양 없이 의료인의 시술이 가능해지고, 2020년 8월부터는 관련법이 발효되었다. 그간 일본에서 고가로 시술받아야 했던 형편에서 이젠 한국에서도 시술을 직접 받을 수 있다. 이 시술은 항노화, 피부 탄력 증강, 주름 개선, 면역력 증진, 성 기능 보강, 척추 관련 건강 관리 등 다양한 효과를 기대할 수 있다.

2011년 심근경색 치료제의 허가를 시작으로 현재 5종의 배양된 줄기세포 치료제가 시중에 나와 있다. 현재 배양한 줄기세포 시술을 하려고 중국이나 일본에 가는 것이고, 우리나라는 제대혈이나 지방 줄기세포 포함 어떤 배양 시술도 임의 사용은 불법이다. 다만 지방 줄기세포(SVF) 치료는 배양 없이 의료인 최소 조작으로 시술하는 것은 합법적으로 가능하다.

나도 그동안 고질병이었던 척추 디스크로 고생하다가 이번에 쥬넥스 의원의 배려로 시술을 받고 있는데 발군의 효과를 보고 있다. 고가이긴 하지만 큰마음 먹고 급한 경우 받아보는 것도 고려

해봄직하다. 특히 액티브 시니어로서의 라이프 스타일을 유지하는 데 확실한 도움을 준다. 무엇보다 정신적으로 자신감을 준다. 늦게까지 창조적인 사회 활동을 하는 경우 후배들의 존경은 물론이고 심신의 건강에도 큰 힘이 된다.

# 줄기세포와 미용 건강

지금까지 미용 건강은 화장품이 주제였지만 최근 개발된 줄기세포 치료는 하이테크High Tech 시술의 총아로 떠오르고 있다. 남녀불문, 자신의 외모를 젊고 아름답게 가꾸고 싶은 미용 건강 욕심은 끝이 없다. 심지어 건강을 희생해서라도 젊고 멋있어져야겠다는 생각도 한다. 여기서 줄기세포의 놀라운 미용 치료 효과에 관한 이야기를 빼놓을 수 없다. 면역 증진에 관한 공부를 하노라니 결론은 줄기세포였다. 공부하면 할수록 첨단 의료에 대해 놀라움을 금할 수 없다.

나는 최근에 고질인 허리 디스크가 도져서 걸음이 불편할 정도가 되었다. 침, 뜸도 맞고 카이로프랙틱 기법 등 한의학에서 흔히 쓰는 기법들을 총동원했지만, 통증이 가시는 건 잠시뿐이고 또 재발하곤 했다. 그 이야길 듣고 쥬넥스에서 성 박사가 줄기세포 시술을 해주었다. IV로도 맞고 얼굴에 점상으로 찍어 맞았는데 좀 아팠다. 그런데 며칠 후 참으로 기적 같은 일이 벌어졌다. 무엇보다 고질병인 허리 통증이 말끔히 가신 것이다. 그게 나로서는 가장 고맙고 인상적인 효과였다. 만나는 사람마다 체형이 반듯해졌고 얼굴이 젊어 보여 놀랍다고 말한다. 그 후에도 몇 차례 영양 주사를 IV로 맞고 컨디션이 몰라보게 좋아졌다. 그래서 줄기세포에 대한 자료를 다시 펼쳐 들고 내 주관적 경험을 비교해가면서 조심스럽게 읽어내렸다. 야! 이런 첨단 의학이 있었구나.

줄기세포의 가장 특징적인 효과는 조직 재생의 기능이다. 무슨 원인이든 조직이 늙거나 파괴, 손상된 부위를 줄기세포가 스스로 찾아가고homing effect 그 부위의 줄기세포를 각성시키면서 동시에 자기 조직 재생능력으로 손상된 부위가 복구된다.

다음이 미용 효과다. 우선 얼굴 전체의 균형이 조율되고 미백 효과를 얻을 수 있으며 지방 이식으로 예쁘게, 탄력 있게 한다. 그리고 오래 써서 노화된 부위를 재생시킴으로써 신체 기능 회복, 건강 성형 등 소위 말하는 회춘 효과를 확인할 수 있다. 이처럼 줄기세포 치료는 미용뿐 아니라 건강을 함께 치료해주는 획기적인 첨단 기법이다.

그리고 중요한 기능이 면역 기능이다. 인간에겐 자연치유력이 선천적으로 갖춰져 있는데 우리의 고약한 생활 환경이나 생활 습관으로 인해 이 중요한 면역 기능이 약해진다. 줄기세포의 복구력은 여기서 결정적 역할을 하는데, 면역력을 계속 유지해주는 줄기세포의 기능이 있기 때문이다.

회춘 호르몬이라는 별명처럼 중년이 되어 약해지는 질의 수축력을 줄기세포가 혈관 재생능력으로 상당히 회복시켜준다고 한다. 미용 부분에선 미백 효과뿐만 아니라 주름 펴짐, 관절과 연골 생성 등 탁월한 효과가 있다. 요즘은 중년 남성도 신체와 마음의 변화가 만드는 자신감 부족이 탈모 등으로 더욱 악화한다. 줄기세포 치료로 '젊어 보인다'라는 주위 사람들의 칭찬에 아주 민감하게 반응한다.

줄기세포는 인체의 다양한 부위에 존재하는데 미분화 상태의 세포도 다양한 기능의 세포로 분화될 수 있는 능력과 스스로 재생하는 능력이 있어 손상되거나 노화된 세포를 대체하는 잠재력을 갖는 세포다. 줄기세포는 항노화 치료에 최적의 첨단 의료 기술이다. 우선 항노화 단백질의 증가, 호르몬 생산의 증가로 젊음을 유지해준다. 또한, 재생이 필요한 부위를 스스로 찾아가서 복구해주는 효과가 있다.

줄기세포 시술로 호전될 수 있는 질환이 2,000가지가 넘는다고 한다. 줄기세포에 관한 연구는 앞으로도 무한한 가능성을 시사하고 있다. 줄기세포의 시장성을 고려할 때 치료 의사 한두 사람으로선 넓은 시장을 상대하기에 부족하고 다양한 분야의 인사들과의 협업이 절대적으로 필요하다. 나도 그 효과를 직접 체험한 이후 줄기세포에 대해 앞으로의 구상에 많은 생각을 하고 있다.

형편이 되는 대로 토탈 뷰티total beauty를 위한 미용 건강에도 신경을 써서 인생 말년을 화려하고 멋있게 보내야 한다. 우리는 그럴 자격이 있다. 얼마나 힘들게 살아온 인생인데! 보상받아야 한다.

①기대 수명 ②건강 수명 ③건강 미용을 두루 잘 챙겨 화려한 말년을 맞아야겠다.

# 영 앤 뷰티

한국의 문화는 활력이 넘친다. 월드컵 때 한국인의 활력이나 적극성은 세계인을 놀라게 했다. 한국의 기적적인 산업화의 저력이 바로 저 붉은 악마의 함성에서 나왔구나, 어느 외신 기자의 고백이다.

지축을 울리는 젊은이의 우렁찬 함성이 월드컵 4강 신화를 만들었고 한강의 기적을 이뤄낸 저력이 되었다. 한국을 좀 잘 아는 외국인들은 한국이 기적을 만들어내는 신비로운 나라라고 한다. 아무것도 없는 전쟁의 폐허에서 세계 사람들의 원조로 겨우 연명해온 민족이 어떻게 그 짧은 기간에 이런 기적을 만들 수 있었는지 한국은 알 수 없는 나라이며 어떤 경제, 경영 전문가도 한국의 성공적인 산업화, 근대화 과정을 설명할 길이 없다는 것이다. 원조받는 나라에서 원조를 주는 나라가 된 것은 우리가 세계 역사상 처음이라고 한다.

그 과정이 평탄할 수만은 없었을 것이다. IMF를 비롯해 월 스트리트 금융 사기꾼들의 농간에 전 세계 경제가 요동을 쳤지만, 그 혼란의 틈을 제일 먼저 비집고 복잡한 늪을 빠져나온 것이 한국이다. K-POP, BTS만이 아니다. 한국의 젊고 아름다운 역동성이 어디서 유래했을까. 한국의 민족 기질도 작용했을 것이다. 우리는 신명만 난다면 못 하는 일이 없다. 서울대학교 이부영 교수팀이 발표한 '신병'도 한국인의 고유문화다. 세계 어느 나라 사람이 달리는 고속버스에서 춤을 추고 노래할까? 이런 문화의 산실이 바로 신명, 신바람에서 비롯된다.

우리의 미용 성형술의 역사는 그리 오래되지 않았다. 하지만 지금은 온 세계에서 모여들고 있다. 강남이라는 특이한 문화권을 배경으로 젊음과 미의 창조적 산실이 된 것이다.

# 아름다움의 기준

피현정 선생의 저술에 적힌 기록을 보고 내 상상과 아주 다른 사실에 정말 놀랐다. 우리나라의 많은 여성이 외모 콤플렉스 때문에 고민하고 있다는 것이다. 18세 이상 여성의 77%가 미용을 위해 성형 수술의 필요성을 느낀다고 했으며 실제로 1번 이상 시술을 받은 여성이 47%에 달한다고 하니 정말 놀라웠다. 내 눈엔 하나같이 예쁜데 말이다. 더욱 놀라운 것은 우리나라 여성 중 1% 만이 자신이 아름답다고 생각한다는 것이다.

그래서 한국은 성형 대국이라 불리고 있는지도 모른다. 덕분에 한국의 미용 성형술은 섬세한 솜씨와 더불어 세계 최정상의 수준이라고 한다. 한국 여성들의 꿈은 언제까지나 '동안'을 유지하고 젊어 보이는 것이다. 그러나 미美란 주관적이다. 개인의 성격이나 시대, 문화권에 따라 달라진다. 옛날 미인도를 보고 있노라면 요즘 우리 시각으로는 비만 환자 같다. 풍만한 육체가 특징이다. 이런 미의 기준은 이상하게도 동서양 문화 어딜 가나 비슷하다. 이것이 가난의 유산이 아닌가 하는 생각을 했다. 요즘도 가난한 사막 지대에는 배꼽춤이 인기인데, 거기에 등장하는 여인들은 하나같이 비만이다. 관중석의 관객들은 모두 마른 몸인데 참으로 대조적이다.

내가 어릴 적만 해도 비만으로 진단받을 만한 여성들이 오히려 인기가 좋았다. 부잣집 며느릿감이라고 하면서 부러워했다. 그 역시 가난의 유산이 아닌가 하는 생각이 든다. 시대에 따라, 문화권에 따라 특히 여성의 미 감각은 아주 다른 것 같다. 외국 비행기를 타보면 승무원들이 모두 개성적인 얼굴이다. 한국 승무원은 우리 기준에 모두 예쁜 얼굴인데.

어릴 적 우리 이웃의 여성이 미국으로 이민을 갔다. 몇 년 후, 20대의 멋진 아가씨로 자라 한국으로 돌아왔다. 한국에 온 이유는 가슴 성형술을 위해서였다. 그러면서 나에게 좋은 성형외과 의사를 추천해달라고 했다. 수술 후 풍만한 가슴을 안고 흡족해하며 미국으로 돌아갔다. 그리고 십 년 정도 지난 뒤 다시 한국에 왔는데 이번엔 가슴 축소 성형술을 하기 위해서였다. 요즘 가슴이 너무 크면 미련해 보인다고 한다. 운동하는 데도 방해가 되고 역동적인 미가 없다는 것이다. 이 이야기를 길게 하는 것은 '미'에는 절대 기준이 없다고 이야기하기 위해서다. 그 아가씨는 지금 미국에선 긴 다리, 작은 얼굴이 유행인데 다리는 어쩔 수 없지만,

얼굴은 성형술로 작게 하고 싶다며 또 성형술을 받을 준비를 하고 있다. "다음엔 또 무슨 변덕을 부릴 것인지 궁금하다. 그런데 미국에서 수술받지 왜 여기까지 와서 받느냐?"라고 물었더니 한국이 최고라고 한다. 특히 한국 여성에겐 한국 의사가 잘한다는 것이다.

외모 중시 성향이 강해서일까. 정신과 환자 중에서는 추모공포증dysmorphophobia이 있다. 자기 얼굴이 너무 못생겼다고 생각해 남에게 불쾌감을 주기 때문에 사회 활동을 못 하고 거의 은둔 상태로 지내는 환자다. 정작 남이 보기엔 보통 생김새인데 자신의 판단은 전혀 다르다.

미용 건강이 이렇게 화제가 되고 이 방면을 공부하기 위해 전문 서적들을 읽어봤지만, 도저히 진전되지 않았다. 전문가가 아니면 정말 난해한 면이 많았다. 그냥 의학적 전문 지식으로 상식선에서 읽기엔 너무 힘들었다. 환자들의 혼란스러움이 짐작이 간다. 내가 부탁드리고 싶은 것만 몇 가지 적고 다음으로 넘어가겠다.

첫째, 정말 노숙하고 경험 많은 의사를 만나길 바란다. 대단히 어렵고 숙련된 기술적 연마가 필요한 분야이기 때문이다. 강남에 줄 서듯 즐비한 성형외과 간판을 훑어보면 의료 관광의 중심 역할을 해야 하는 분야이기 때문에 더더욱 관심이 간다.

둘째, 미용이 시술의 상당한 부분을 차지하고 있겠지만 건강과도 직결돼야 한다는 사실을 유념해야 한다. 특히 정신과적 측면을 잊어선 안 된다. 어느 성형외과 전문의의 한마디가 생각난다.

"성형외과 의사는 칼을 든 정신과 의사다."

세 번째, 의사와 환자의 충분한 상담 시간을 가져야 한다.

마지막으로 미용이니까 젊은 사람 위주로 생각하기 마련인데 나이 든 고령자의 성형 외과적 진료에 대한 의견도 피력하면 좋겠다.

# 화장품

얼마 전 〈조선일보〉 기사에 깜짝 놀랐다. 세계 3대 화장품 수출국 중 하나가 우리나라라는 기사는 참 기분 좋은 뉴스였다. 나는 화장품에 대해선 문외한이다. 잘 쓰지도 않고 특별히 관심도 없다. 하지만 젊음과 미가 강조되는 현대 사회에서 화장품을 빼놓고 이야기할 순 없다. 요즘은 남성 화장품도 인기다. 어느 백화점이든 1층 제일 요지에 화장품이 진열되어 있다. 그만큼 부가 가치가 높다는 증거다. 그동안 외국 브랜드가 독차지하고 있었으나 요즘은 한국 화장품도 명품 틈새를 비집고 진열되어 있다. 보기만 해도 기분 좋다.

드디어 프랑스와 미국에 이어 세계 3대 화장품 수출국으로 우뚝 섰다니 기분 좋은 일 아닌가. 우리 고객은 중국과 미국이 많고 프랑스, 영국, 독일 순이다. 액수로는 7조 2,500억 원이 넘는다. 프랑스의 세계 유행을 선도하는 우리 뷰티 기업 뉴스에 '한국 화장품이 어떻게 세계 시장에서 이름을 떨치게 되었나'라는 특집 기사까지 실렸다.

한국 화장품은 역동적인 국내 시장에서 원동력을 얻었다. 신상품 출시 속도, 혁신 능력, 품질 다양성을 꾸준히 발전시켜온 덕분이다. 천연 식물 자원들을 활용한 것도 한몫한다. 그 잡지는 이런 추세라면 앞으로 한국 화장품은 세계적인 인정을 계속 이어 나가리라 전망했다. 이런 배경에는 K-POP과 영화, 드라마, 게임, 웹툰 등 K 브랜드 확산이 뒷받침하고 있다고 한다.

우리는 지금 '젊음, 미 그리고 건강'이라는 캐치프레이즈를 내걸고 세계적 관심을 끌기 위한 프로그램을 만들고 있다. K-POP, 화장품 시장이 세계적 관심 속에 발전하고 확장되고 있다니 정말 기분 좋은 뉴스다.

한참 전에 태평양에서 설화수라는 화장품을 출시했을 때 호텔에서 큰 판촉 행사가 열렸다. 난 초대 손님으로 뒤에 앉아 진심으로 기원했다. 제발 세계 시장의 명품이 되길. 내 기도가 간절했는지 지금 설화수는 세계 시장에 명품으로 등장했다.

어느 날 한 TV 채널에서 70대 부부를 초대해 머리부터 옷, 화장 등을 가꿔 젊은이로 변신시켜주는 프로그램을 방영했다. 정말 젊고 매력적으로 보였다. 노후 인생을 화려하고 아름답게 만들어주려는 프로그램의 의도가 빛났다. 그러나 그렇게 보이는 것이 전부는 아니다. 지금 상식으로는 젊음은 무조건 좋다고 한다. 고령자도 가급적 젊게 보여야 한다. 머리를 염색하지 않은 사람을 찾기 힘들다.

우리 아파트 단지도 세워진 지 40년이 넘었다. 공원의 나무가 벌써 거목이 되었다. 봄은 봄대로 꽃이 화려하게 피지만 봄만 계절인 것은 아니다. 여름엔 녹음으로, 가을엔 홍엽으로 그리고 낙엽이 지면 앙상한 나뭇가지만 남아 회색으로 바뀐다. 자연에도 변화가 있다. 젊음만이 인생이 아니다. 젊음의 고민에서 위대한 예술적 작품이 나온다. 얼마나 힘든 청춘이었나. 장년기, 결혼, 가정, 직장……. 힘든 나날이었다. 은퇴와 늙음, 젊어지고 싶은 것은 당연하다. 노인의 무게, 권위, 침착함 같은 겨울도 좋다. 계절마다 독특한 매력이 있다. 우리에게 사계가 있다는 것이 축복이다. 상록수보다 낙엽수가 많아야 계절의 아치가 철마다 다른 매력으로 비친다.

## 안심감을 주는 아이템

고령자는 물론이고 무슨 아이템item이든 소비 시장이 확대되려면 '안심감'이 중요하다. 특히 요즘은 온라인 주문이 많아서 막상 받아보면 비슷하긴 해도 내가 원하던 것이 아닌 경우가 많다. 혹은 아예 돈만 챙기고 물건을 안 보내는 악덕 기업도 적지 않아서 사기당하지 않을까 안심이 안 된다. 믿고 살 수 있어야 하는데 노인을 상대로 하는 사기성 판매 전략에 자기도 모르게 넘어갈 수도 있다.

관광시켜준다는 꼬임에 빠져 버스를 타면 관광은 뒷전이고 허름한 천막집에서 상품 판매를 하는 것이 목적이다. 노인들은 건강에 좋다면 잘 넘어간다. 온갖 감언이설로 설득하여 고가의 건강 상품을 강매하다시피 한다. 가끔 뉴스에도 등장하기 때문에 도대체 안심이 안 된다. 그렇지 않아도 노인은 모든 면에서 불확실한 점이 많아 마음을 놓을 수 없다.

불안의 씨앗은 곳곳에 널려 있지만, 특히 건강에 대한 문제가 크다. 아직 이만하면 그럭저럭 활동도 가능하고 좋은데 이 상태가 언제까지 유지될 수 있겠나 생각하면 그만 구매 의욕이 떨어진다. 이걸 사면 내가 앞으로 얼마나 더 쓸 수 있을까. 제대로 써보지도 못하고 몸져눕게 되는 것은 아닌지 걱정이다. 모든 게 불확실하니 안정감이 없고 안심이 안 된다.

갑자기 중풍이 오지 않을까, 그럼 간호는 누가 하나. 비용은 충분히 마련되어 있어도 걱정이다. 앞으로 얼마나 살게 될지, 얼마나 저축해야 하는지, 얼마를 써야 하는지 노인에겐 불안의 씨앗이 많다. 이 문제에 관해선 경제 전문가들의 처방이 다양하게 나와 있다. 개별 맞춤형 처방을 받는다 해도 문제는 본인의 생각이다.

노인 시장 개발의 필수 요건이 '안심감'이다. 기업 측에서도 이를 충분히 고려해서 반영한 제품이 나와야 한다. 뭐니 해도 믿고 맡길 수 있게 해야 한다. 지금의 고객이 얼마나 오래 이용할지, 갑작스러운 사고나 질병으로 응급실에 실려 간다면 어떻게 해야 하는지에 대한 처방이 나와 있어야 의심 많은 고령 고객이 믿고 따라온다.

불확실 해소, 안심감을 심어줄 수 있는 풍토가 마련되면 이 시장도 무시하지 못하게 커질 것이다.

## 실버산업은 실버 손으로

얼마 전 하버드대학교의 리프 교수가 세계 장수촌 연구 발표에서 아주 인상적인 보고를 했다. 에콰도르와 페루 국경에 가까이 있는 깊은 산골이다. 평화와 고요의 골짜기로 알려진 곳이다. 여기서 2003년 〈캘린더 걸〉이라는 영화가 제작되었다. 모델이 누구냐면 그 지방 출신의 할머니들이었다. 자기들의 멋진 누드 사진첩을 만드는, 나이 든 여성 특유의 매력을 뽐낸 멋진 영화였다. 캘린더는 1,000부가 제작되어 인기리에 팔렸다고 한다.

나도 얼마 전 보건 산업 연구원에서 '실버산업은 실버 손으로'라는 강연을 했다. 지금 실버산업은 대부분 젊은이가 노인용으로 제작하는데 소비자가 실버 세대라 그런 이름을 붙인 모양이다. 하지만 내 생각엔 실버산업은 기획 단계부터 디자인, 제조, 영업까지 실버 세대의 손으로 해야 한다. 그래야 소비자의 고충을 더 잘 이해하고 그 세대에 맞는 제품을 만들 것이다.

나도 보청기를 쓰는데 감사하게도 내 후배가 아주 좋은 가격에 만들어주었다. 그런데 끼고 있으니 불편한 점이 한두 군데가 아니다. 아프고 가렵고 삐삐 소리가 나고 무엇보다 그 작은 놈이 너무 잘 빠진다. 한번은 길에서 빠져 잃어버린 적도 있었다. 내가 이런저런 불만을 이야기해도 젊은 직원은 알아듣질 못한다. 본인이 사용해본 적 없으니 내가 왜 이런 불편을 겪는지 이해하질 못하는 것이다.

노인의 손으로 만들어지지 않으니 고객의 소리가 반영될 리 없다. 식당에서는 메뉴판 글씨가 너무 작아 보이지도 않는다. 고급 식당일수록 불도 어둡게 해놓아 더더욱 안 보인다. 그리고 세계에서 제일 비싼 스테이크는 너무 커서 소식하는 노인들은 반도 못 먹고 아깝게 남겨야 한다. 주문받을 때 굽기 정도를 물어보지만 사이즈는 물어보지 않는다. 만약 사이즈를 작은 것으로 시키면 감자 또는 샐러드를 더 주는 서비스를 하면 어떨까?

젊은 직원들로부터 받는 서비스도 좋지만 중후한 노인이 식당에서 서빙하면 훨씬 더 믿음이 가고 좋을 텐데 서빙 직원은 무조건 젊은이만 있다. 내가 인턴으로 근무했던 미국 병원에는 프랭크라는 경비원이 있었다. 제1차 세계대전에 참전한 베테랑이다. 전쟁 부상으로 한쪽 다리가 좀 불편하다. 경비원이라고 했지만, 프랭크는 사실 만능꾼이다. 응급실에 난동이 일어날 때 제일 먼저 달려오고 엘리베이터 직원이 자리를 비워도 프랭크가 달려온다. 젊은 엄마가 아기를 안고 오면 안내나 부축은 그의 담당이다. 병원 어느 구석이고 문제가 생기면 제일 먼저 찾는 사람이다. 의사며 간호사가 다 바뀌어도 프랭크는 언제나 병원 로비에서 일하고 있다. 크리스마스엔 그의 책상에 선물이 산더미처럼 쌓인다. 미국 톨리도 머시 병원은 프랭크가 있어 처음 와도 전혀 낯설지 않다. 지난번 홈커밍데이에 참석하고 놀란 것은 그의 기억력이었다. 몇십 년 전에 고작 1년 동안 인턴을 하고 떠났던 내 이름을 정확히 기억하고 한국의 안부까지 물었다.

# 신비의 나라 한국

90세라, 짧지 않은 생애를 살면서 언제나 '한국'이 놀랍다는 생각을 자주 하게 된다. 신기하다. 그 지독한 가난을 어떻게 이겨냈는지, 생각할수록 신기하고 놀랍다. 전쟁, 이념 투쟁, 극단의 사상 대결, 갈등, 복잡한 노조 문제, 생각할수록 골치 아픈 이 문제들을 어떻게 풀고 어떻게 견뎌왔는지도 신기하다.

매일 아침 화장실에서 찬물과 더운물을 바로 쓸 수 있다는 것도 신기하다. 이 복잡한 대도시가 수많은 시위의 물결 속에 마비되지 않고 돌아가는 것도 신기하고 놀랍다. 초고령 사회로 접어들고 보니 우리 생애 상상도 못 해본 일들이 벌어진다.

세대 차라는 말도 새삼스럽다. 우리가 언제 이렇게 많은 고령자들 틈에서 살아왔었던가. 우리는 지금 부유한 시대에 태어난 아이들과 가난뱅이 시절을 보낸 노인들이 함께 살고 있다. 갈등이 없는 것이 이상하다. 한 세기의 격차가 쉽게 무너질 리가 없다.

이 둘 사이엔 100년의 역사가 가로막고 있다. 그래도 우리 한국이 돌아간다는 것이 신기하다.

오히려 그런 갈등이 이 나라를 더욱 역동적으로 만들고 있는 것이 아닌가 하는 생각도 든다.

사랑하는 나의 조국, 대한민국Korea의 앞날에 영광이 있으라.

맺음말

# 초고령 사회를 대비한 긴급 제언

〈조선일보〉 의학 전문기자 김철중의 보고서를 근간으로 졸저를 마감하고자 한다. 초고령 사회가 눈앞인데 우리는 이에 대한 정치적인 배려를 위시한 연구, 시책이 전무하다. 65세 이상 인구가 20%를 넘으면 초고령 사회가 된다. 우리는 4년 후인 2026년 초고령사회로 진입한다. 세계에서 제일 빠른 속도다. 그러나 이에 대한 대비책은 전무하다니 걱정이 아닐 수 없다. 몇 차례 비슷한 논의가 정부 차원에서 진행되었지만 결론 없이 흐지부지 되었다.

현재 우리는 80대와 90대가 200만 명을 넘는다. 장수에 대한 연구나 민간 주도의 여러 가지 시설이 잘 정비, 발달된 일본에서도 90세가 넘어서까지 정정한 사람은 10.9%밖에 안 된다고 한다. 그것도 남성의 경우이고 여성은 더 쇠약하다. 우리는 아직 그런 실태 조사 하나 잘 되어 있지 못하다. 이웃 일본의 장수 연구에서 우리가 미처 깨닫지 못한 최근의 몇 가지 연구 결과를 적어 보겠다.

① 지금까지 우리는 걷기를 열심히 권했는데, 그것만으로는 노쇠, 약화되어가는 근력을 키워낼 수가 없다. 근력 강화를 위해 근력 단련 프로그램을 만들어 실시하고 있는데, 현재 75~79세의 근력과 보행 속도가 10년 전 65~69세와 비슷해져 70대 후반이 10년 젊어졌다고 놀라워했다.

② 구강 기능 저하 : 좀 엉뚱하다 싶지만 이건 단순히 구강 위생 차원을 넘어 씹고, 삼키고, 말하기 등 구강 기능 전체를 보는 것이다. 이 기능이 저하되면 치매는 물론이고 노쇠 현상이 훨씬 빨리 진행된다는 사실이다.

③ 그다음 어울리기의 중요성이 강조된다. 65세 이상의 동호회, 친목회 등 그룹 활동을 한 사람이 그렇지 않은 사람에 비해 사망할 위험이 40% 낮다는 보고는 아주 충격적이다. 일본에서는 여러 형태의 이런 그룹이 70만여 개가 넘는다고 한다.

④ 그다음 고령자에게 햇빛이 건강을 지켜주는 아주 중요한 요인으로 분석되었다.

일본에서 2006년에 설립된 장수의료연구센터는 그 이후 산하기관으로 치매선진의료연구센터, 노년학, 사회정책연구센터, 장수의료정보센터, 움직임과 노쇠연구센터 등이 연달아 설립됨으로써 소위 '신인류' 증가에 따른 정책이 충실히 실시되고 있다. 부럽기만 하다.

초고령 인구가 늘어 노쇠해 누워 지내게 되면 그 비용은 누구도 감당하기가 힘들다. 결론은 장수의학연구가 민, 관, 학계를 주축으로 사회 전반에 확산되어 건강한 고령자, 움직이는 역동적 고령사회를 만들기 위한 종합적인 움직임이 긴요하다. 더 이상 시기를 놓쳐선 안 된다.

일본의 동경대는 2009년 과학, 공학, 식품학, 법학, 사회학 등 여러 학과를 아우르는 고령 사회 종합연구기구를 출범시켰다.

우리가 앞에서 지적했듯이 이런 초고령자 대책은 엄청난 비용 감당을 해야겠지만 우리에겐 새로운 의료산업 시장을 개척하는 경제적으로 생산적인 측면이 많다. 정부에서 하루빨리 대책위원회를 구성해서 시행할 수 있는 요강을 만들어야 한다. 우리나라도 개인적인 관심에서 초고령 사회를 위해 심층적인 연구를 하는 전문가들이 적지 않다. 정부 차원의 움직임이 필요하다.

이시형의 신인류가 몰려온다



초판 1쇄 인쇄일 | 2022년 9월 2일
초판 1쇄 발행일 | 2022년 9월 16일

지은이 | 이시형
펴낸이 | 사태희
편집인 | 최민혜
디자인 | 권수정
마케팅 | 장민영
제작인 | 이승욱 이대성

펴낸곳 | (주)특별한서재
출판등록 | 제2018-000085호
주 소 | 08505 서울특별시 금천구 가산디지털2로 101 한라 원앤원 타워 B동 15층 1503호
전 화 | 02-3273-7878
팩 스 | 0505-832-0042
e-mail | specialbooks@naver.com
ISBN | 979-11-6703-056-6 (03180)